Administração de
estoque e compras

SÉRIE ADMINISTRAÇÃO E NEGÓCIOS

DIALÓGICA

O selo DIALÓGICA da Editora InterSaberes faz referência às publicações que privilegiam uma linguagem na qual o autor dialoga com o leitor por meio de recursos textuais e visuais, o que torna o conteúdo muito mais dinâmico. São livros que criam um ambiente de interação com o leitor – seu universo cultural, social e de elaboração de conhecimentos –, possibilitando um real processo de interlocução para que a comunicação se efetive.

Nestor Alberto Rancich Filho

Administração de estoque e compras

EDITORA intersaberes

Rua Clara Vendramin, 58 . Mossunguê
CEP 81200-170 . Curitiba . PR . Brasil
Fone: (41) 2106-4170
www.intersaberes.com
editora@editoraintersaberes.com.br

CONSELHO EDITORIAL
Dr. Ivo José Both (presidente)
Drª Elena Godoy
Dr. Nelson Luís Dias
Dr. Neri dos Santos
Dr. Ulf Gregor Baranow

EDITOR-CHEFE
Lindsay Azambuja

EDITOR-ASSISTENTE
Ariadne Nunes Wenger

PREPARAÇÃO DE ORIGINAIS
Entrelinhas Editorial

CAPA
parinyatk, Verbitsky Denis e vihrogone/ Shutterstock (imagens)

PROJETO GRÁFICO
Raphael Bernadelli

ADAPTAÇÃO DE PROJETO GRÁFICO
Charles L. da Silva

DIAGRAMAÇÃO
Studio Layout

ICONOGRAFIA
Celia Kikue Suzuki

1ª edição, 2017.

Foi feito o depósito legal.

Informamos que é de inteira responsabilidade do autor a emissão de conceitos.

Nenhuma parte desta publicação poderá ser reproduzida por qualquer meio ou forma sem a prévia autorização da Editora InterSaberes.

A violação dos direitos autorais é crime estabelecido na Lei n. 9.610/1998 e punido pelo art. 184 do Código Penal.

Dados Internacionais de Catalogação na Publicação (CIP)
(Câmara Brasileira do Livro, SP, Brasil)

Rancich Filho, Nestor Alberto
Administração de estoque e compras/Nestor Alberto Rancich Filho. Curitiba: InterSaberes, 2017.
(Série Administração e Negócios)

Bibliografia.
ISBN 978-85-5972-560-5

1. Administração de materiais 2. Cadeia de suprimentos 3. Compras 4. Estoques 5. Logística (Organização) 6. Planejamento estratégico I. Título. II. Série.

17-09907   CDD-658.72
                                         -658.78

Índices para catálogo sistemático:
1. Compras: Gestão: Administração de materiais 658.72
2. Estoques: Gestão: Administração de materiais 658.78

Sumário

Apresentação, 9

(1) Administração de materiais, 11

    1.1   A importância da administração de materiais e sua evolução, 16

    1.2   Administração de materiais voltada ao consumidor, 20

(2) Gestão de estoques, 29

    2.1   Funções e objetivos dos estoques, 33

    2.2   Políticas de estoque, 35

    2.3   Tipos de estoques, 36

    2.4   Razões para ter e manter estoques, 36

  2.5 Custos de estoque, 39

  2.6 Gestão de estoques na cadeia de suprimentos integrada, 40

  2.7 Logística de suprimentos, 43

  2.8 Relações de parceria estratégica com fornecedores, 46

(3) **Lote de compra, ponto de pedido e estoque de segurança, 51**

  3.1 Ponto de pedido (PP), 55

  3.2 Lote de compra (L), 55

  3.3 Revisão periódica, 60

  3.4 Estoque de segurança (ES), 62

(4) **Avaliação de estoques, 71**

  4.1 Métodos de avaliação de estoques, 74

  4.2 Rotatividade ou giro de estoque, 80

  4.3 Cobertura de estoque, 81

  4.4 Acuracidade de estoque, 81

  4.5 Método ABC para gestão de estoques, 82

(5) **Armazenagem, 93**

  5.1 Funções da armazenagem e classificação dos armazéns, 97

  5.2 Projeto de armazenagem, 99

  5.3 *Layout* do armazém, 103

(6) **Acondicionamento e movimentação de materiais, 107**

  6.1 Classificação das embalagens, 110

  6.2 Principais tipos de embalagens, 111

  6.3 Otimização do formato das caixas de papelão, 112

  6.4 Unidades de estocagem, 116

  6.5 Normas para movimentação de materiais, 119

  6.6 Equipamentos de movimentação, 120

(7) **Identificação, endereçamento e inventário de materiais, 125**

  7.1 Identificação, 128

  7.2 Codificação, 128

  7.3 Cadastramento, 129

  7.4 Catalogação, 129

7.5 Código de barras, 129
7.6 Localização e endereçamento de materiais, 138
7.7 Inventário de materiais, 139

(8) Compras, 143
8.1 Objetivos da área de compras, 147
8.2 Aspectos estratégicos da área de compras, 148
8.3 Estrutura organizacional do departamento de compras, 150
8.4 Seleção e cadastramento de fornecedores, 152
8.5 Cotações, 154
8.6 Negociação, 156
8.7 Critérios de escolha do fornecedor, 159
8.8 Emissão de pedidos e contratos, 161

(9) Logística empresarial, 165
9.1 Breve histórico da logística, 168
9.2 Conceitos, 169
9.3 Cadeia logística ou de suprimentos, 171
9.4 Fatores que determinam o posicionamento geográfico dos agentes da cadeia de suprimentos, 172
9.5 Integração da cadeia de suprimentos, 174

(10) Sistemas informatizados na cadeia de suprimentos e compras, 183
10.1 *Business-to-Business* (B2B), 186
10.2 *Bletronic Data Interchange* (EDI), 188
10.3 *Enterprise Resource Planning* (ERP), 191
10.4 *Advanced Planning and Scheduling* (APS), 193
10.5 Sistemas por internet, 196
10.6 *Business-to-Customer* (B2C), 196
10.7 Conclusões sobre os sistemas informatizados, 198

Referências, 201
Gabarito, 203
Sobre o autor, 211

Apresentação

Nesta obra, tratamos da gestão de estoques e compras nas organizações, abordando as principais práticas no contexto da rede logística de suprimentos, as quais abrangem o controle dos fluxos de materiais, o dimensionamento dos estoques, as embalagens dos produtos e suas características, bem como a armazenagem, a movimentação e as compras.

No Capítulo 1, apresentamos a administração de materiais e suas principais atividades integradas na cadeia de suprimentos. Nos Capítulos 2, 3 e 4, examinamos a gestão de estoques e os aspectos relacionados à reposição de estoques, assim como as formas de analisá-los, tais como os cálculos que envolvem a rotatividade, a acuracidade[a] e a curva ABC para classificação de estoques.

Nos Capítulos 5, 6 e 7, discorremos sobre armazenagem e movimentação de materiais, sua codificação e seu endereçamento e os procedimentos de inventários. No Capítulo 8, contemplamos o tema de compras nas empresas e todas as atividades correlacionadas, tais como critérios de procura e seleção de fornecedores, processos de cotações e licitações, negociações e contratos de compra.

No Capítulo 9, demonstramos a evolução logística empresarial na abrangência da cadeia de suprimentos no mundo contemporâneo e sua importância para a vantagem competitiva das organizações. No Capítulo 10, analisamos os sistemas de informática aplicados na cadeia de suprimentos e compras das empresas, sua evolução, os tipos de *softwares* aplicativos e os desafios futuros das empresas e organizações nessa área de tecnologias tão dinâmicas e de rápidos avanços.

Ao final de cada capítulo, disponibilizamos algumas atividades para que o leitor possa verificar sua aprendizagem, bem como indicações culturais para a realização de leituras complementares.

---

a. Embora não conste em dicionários de língua portuguesa, o termo *acuracidade* é usado em administração para designar especificamente a conferência de estoque, ou seja, quando o estoque físico deve ser igual ao estoque lógico. Muitas vezes, é substituído pela palavra *acurácia*, esta dicionarizada.

(1)

Administração de materiais

A administração de materiais assume vital importância na gestão de qualquer empresa. Uma boa administração de materiais pode reduzir os custos de compra, de investimentos em estoque e de estocagem. Os materiais de uma empresa nada mais são do que valores econômicos – dinheiro – transformados em mercadorias. Portanto, seu gerenciamento deve ser o melhor possível, visando ao melhor desempenho de acordo com a maior ou menor importância nas funções de finanças, produção e vendas da empresa. O grande desafio da administração de materiais é encontrar o ponto de equilíbrio entre investimento e disponibilidade, para que o fluxo da demanda não seja interrompido em qualquer agente da cadeia de suprimentos.

A administração de materiais pode trazer conflitos de interesses, em função do enfoque de cada área operacional da empresa. Por exemplo: a área financeira da empresa quer obter o menor valor econômico aplicado em materiais, pois seus profissionais desejam e preferem ter mais ativos financeiros que ativos materiais. Os colaboradores das áreas comercial e de vendas da empresa, por sua vez, têm opinião contrária a essa, ou seja, preferem ter mais material disponível para que não corram o risco de perder vendas. Os profissionais da área de produção pensam de forma semelhante aos do setor de vendas, no sentido de que, quanto mais material for comprado para atender a lotes econômicos de produção e mais unidades estiverem em processo de produção, menores serão os custos com compras e com os processos produtivos de transformação por unidade do produto. Essas visões, aparentemente corretas em uma certa lógica, deixam de existir no momento atual de grande desafio para as empresas, pois estas precisam constantemente buscar competitividade e melhores resultados financeiros.

A administração de materiais tem um impacto nos custos de qualquer empresa. Conforme Gonçalves (2007), no caso de empresa industrial, pode-se verificar que mais de 50% dos custos são representados pelos investimentos em materiais e serviços destinados ao andamento das operações. No varejo, esses valores tendem a ser mais elevados, pela necessidade da disponibilidade dos materiais e de produtos a serem vendidos. Informações obtidas nos órgãos de classe do varejo no Brasil revelam a ordem de grandeza econômica dos estoques necessários nesse ramo de comércio: em média, três meses dos valores das vendas dos estabelecimentos. Portanto, se uma loja vende R$ 100 mil por mês, deve ter um estoque de aproximadamente R$ 300 mil.

A administração de materiais pode ser estudada por meio de três ÁREAS importantes na cadeia logística ou de suprimentos de qualquer produto. Segundo Gonçalves (2007), são elas:

1. GESTÃO DE ESTOQUES (GE): seu objetivo é dimensionar os estoques de forma a garantir o atendimento à demanda, evitando-se perdas e paralisações, com o menor investimento financeiro possível.

2. GESTÃO DOS CENTROS DE DISTRIBUIÇÃO (CDs): sua finalidade é receber, estocar, conservar, preservar e expedir os materiais comprados pela(s) empresa(s) e fazer o melhor uso do aproveitamento dos espaços e das movimentações dos materiais.
3. GESTÃO DE COMPRAS (GC): envolve todas as atividades de compras de materiais que atendam às demandas de produção e das vendas, com vistas a obter a melhor relação custo-benefício. Suas principais funções são: procura e seleção dos fornecedores, processos de licitações, negociações e compras dos materiais, emissão e acompanhamento dos contratos ou das ordens de compra e toda a gestão do desempenho dos fornecedores quanto a prazos de entrega, preços e qualidade dos materiais e produtos.

Gonçalves (2007, p. 3) ainda explicita as FUNÇÕES da administração de materiais:

- *Dimensionar adequadamente as quantidades dos estoques ou dos CDs, de forma que exijam o menor valor investido e, ao mesmo tempo, que não haja a falta do material à produção ou no momento em que o cliente deseja adquirir o produto;*
- *Manter todas as informações dos registros de suas movimentações – entradas e saídas do estoque – com todos os dados de procedência e destino, com quantidades e valores econômicos;*
- *Realizar toda a gestão das compras dos materiais de tal forma que se assegure o suprimento dos materiais necessários à produção e/ou revenda, incluindo a seleção e escolha dos fornecedores e os processos de licitações, negociações e compras, além de manter atualizado o registro de todos os fornecedores contendo o histórico das compras e fornecimentos realizados.*

Desse modo, é possível perceber que a administração de materiais tem grande participação na administração de uma empresa, ajudando a reduzir custos gerais. Por isso, é fundamental contar com um bom gerenciamento nessa área.

(1.1) A importância da administração de materiais e sua evolução

A importância da administração de materiais está diretamente relacionada aos valores dos materiais necessários ou ao número de fornecedores envolvidos em qualquer negócio. Vejamos alguns exemplos para evidenciar esses aspectos.

Suponha que uma EMPRESA DE VAREJO utiliza um sistema de franquia[a], em que todos os seus produtos são fornecidos pelo franqueador[b]. Nesse caso, a administração de materiais torna-se relativamente simples para o comprador, já que há um único canal de compra e suprimento como fornecedor. Em contrapartida, a administração de materiais do franqueador é extremamente mais complexa, pois tem de atender às demandas dos vários franqueados[c] ao mesmo tempo, com diferentes comportamentos, sazonalidades e localizações geográficas.

Consideremos agora a INDÚSTRIA AUTOMOBILÍSTICA. Henry Ford, no começo do século XX, iniciou a produção seriada do Ford modelo T e, na época, sua fábrica produzia praticamente todos os componentes necessários para a produção de um automóvel. A Ford tentou montar uma fábrica de pneus no Amazonas, próximo à sua principal fonte de matéria-prima, a seringueira. É possível imaginar o nível

---

a. Franquia: sistema que caracteriza a concessão do direito de uso de marca ou patente de dado franqueador para determinado franqueado.

b. Franqueador: empresa ou pessoa jurídica que detém todos os direitos relacionados ao formato de dado produto, serviço, marca registrada ou negócio. O franqueador pode ceder esses direitos a um terceiro, visando ao retorno de taxas ou compensações de outras naturezas. Ele frequentemente estabelece o *modus operandi* ao qual deve o franqueado se adequar; no entanto, o franqueador não controla o negócio, tampouco tem a posse financeira. McDonald's e O Boticário são exemplos de empresas franqueadoras.

c. Franqueado: empreendedor que obtém a concessão para usufruir dos direitos de patente de dada franquia. Um franqueado que administra uma franquia da marca China in Box, por exemplo, opera seu negócio por meio da marca e dos produtos do restaurante.

de complexidade que deveria ter a administração de materiais da Ford naquela época — o computador não existia e as comunicações ainda eram extremamente precárias. Com a evolução dos tempos e o desenvolvimento da tecnologia das comunicações, da informática, da robótica e dos materiais plásticos, hoje existem as modernas indústrias automobilísticas em uma concepção de montadoras "rodeadas" de empresas sistemistas[d], sendo estas não mais do que 30 empresas, que fornecem os mais diversos sistemas que compõem o automóvel final em uma "sincronia combinada" de todos os seus integrantes da cadeia em função da demanda e do plano de montagem final de automóveis.

Nesse caso, a administração de materiais da montadora de automóveis passa a ser tão somente a gestora do fornecimento dos materiais de seus sistemistas, sem a necessidade de gerir todas as matérias-primas, peças e componentes do automóvel, mas somente dos macrossistemas que compõem o veículo.

A Embraer, empresa fabricante de aviões no Brasil, é outro exemplo dessa concepção de montadora que mantém uma parceria com seus fornecedores localizados nos mais diferentes países do mundo. Nesse contexto, a atividade de administração de materiais e logística se torna extremamente complexa, dinâmica e primordial nas operações de produção e montagem das aeronaves.

Vejamos agora a importância da administração de materiais em uma REDE DE SUPERMERCADO, em que existem milhares de produtos com demandas diárias das mais variadas. A gestão, nesse caso, deve ser centrada em um processo de solicitações de produtos aos CDs e fornecedores, o qual considere a demanda ou a venda de cada produto do supermercado no dia anterior. Os produtos devem ser classificados de acordo com a categoria ou família, a forma de compra, o transporte e o abastecimento.

---

d. *Sistemista* é a designação que recebe um fornecedor da GM, por exemplo, em sua planta de Gravataí, Rio Grande do Sul.

Os exemplos citados mostram a abrangência da administração de materiais em três tipos de negócios, cada um com suas peculiaridades e especificidades, os quais refletem a importância dessa gestão para os resultados operacionais das empresas. Paralelamente a isso, é possível criar diferenciais e vantagens na cadeia de suprimentos por meio da redução de custos, dos investimentos em estoque, das compras acertadas, dos cuidados nas movimentações e armazenagens dos materiais, tudo para atender o cliente da forma mais competitiva possível.

São fatores determinantes para a obtenção de VANTAGENS COMPETITIVAS por meio da correta administração de materiais:

- PREVISÃO DA DEMANDA: é o primeiro item que deve ser analisado para determinar a necessidade mais provável dos produtos à luz da realidade e das condicionantes dos mercados demonstradas pelas projeções dos cenários. A demanda deve ser dimensionada com metodologia de cálculo em função do comportamento histórico e das projeções futuras do cenário, isto é, todos os fatores que podem interferir no comportamento da demanda, tais como nível de concorrência, ameaças, oportunidades e condições políticas e econômicas.

- PRAZO DE ENTREGA: o tempo de reposição do material interfere diretamente na administração de materiais e nos estoques. Quanto maior for o tempo de reposição dos produtos, maior será a necessidade de estoque para atender à demanda durante o período da reposição. Por exemplo: se você vai ao supermercado uma vez por semana, suas compras devem suprir, no mínimo, o consumo de uma semana. Ora, se a ida ocorre somente uma vez por mês, suas compras e estoque de mercadorias devem ser em quantidade bem maior. O prazo de reposição reflete diretamente nos investimentos em estoque e nos custos de estocagem à medida que eles se dilatam.

- GESTÃO POR PRIORIZAÇÃO: é a técnica utilizada para depurar os valores dos estoques de acordo com princípios de priorização e gerenciá-los em todos os seus aspectos, inclusive compras, pela classificação dos valores econômicos envolvidos na demanda. Essa técnica de análise é denominada de *diagrama de Pareto, curva ABC dos estoques* ou *Lei dos 20/80* (20% dos itens representam 80% do valor total dos itens).

- GESTÃO DE COMPRAS: a atividade de procura e seleção de fornecedores sempre significa a possibilidade de encontrar um fornecedor que ofereça melhores condições de preço, de prazo e de qualidade em relação a outros. No mundo globalizado e com as facilidades da internet, é possível pesquisar fornecedores em todos os cantos do mundo e encontrar a melhor alternativa de suprimento à empresa. Nesse contexto, as negociações no processo de compras assumem importância vital.

- GESTÃO DOS REGISTROS E INFORMAÇÕES: o desenvolvimento da informática contribuiu para a administração de materiais em razão da agilidade e rapidez no controle, no acompanhamento e no registro de todos os processos dessa área nas organizações.

- GESTÃO DOS CDS E SUA LOCALIZAÇÃO: uma empresa agrega valor e se diferencia quando o estoque é corretamente posicionado para facilitar as vendas. Portanto, uma boa gestão dos CDs permite a obtenção de vantagens competitivas, a começar por sua localização geográfica, que pode resultar na redução dos custos de transporte dos materiais tanto recebidos quanto expedidos aos pontos de venda. Além disso, organizar os CDs em seus mais diversos aspectos viabiliza o melhor aproveitamento do espaço físico, o uso adequado dos sistemas de armazenagem, a proteção e segurança dos materiais e o atendimento às normas de estocagem.

O nível de importância de cada um desses fatores depende, única e exclusivamente, das características de cada empresa, do tipo de produto, do nível de demanda e das exigências competitivas do mercado.

(1.2) Administração de materiais voltada ao consumidor

A administração de materiais deve abranger não somente a gestão na empresa, mas também a cadeia de suprimentos, principalmente quando se consideram o montante dos valores envolvidos, as distâncias entre fornecedores, distribuidores e clientes e o volume de demanda dos produtos. No varejo de alto consumo, as grandes pressões de concorrência e a preocupação com as exigências dos clientes são fatores que levaram as empresas desses setores a desenvolver, nas últimas décadas, sistemas estratégicos operacionais integrados de administração e gestão de materiais para melhorar a competitividade e garantir respostas mais rápidas e eficientes aos clientes.

A GESTÃO POR CATEGORIA surgiu nesse contexto e, segundo Bertaglia (2003), é um processo cooperativo entre o fabricante e os canais distribuidores com a finalidade de gerenciar categorias de produtos como se fossem unidades estratégicas de negócio. A gestão de materiais por categoria pode tornar uma empresa mais competitiva e, portanto, sua estrutura organizacional de suprimentos passa a ser regida nesse gênero. Desse modo, o gerente é responsável pelas decisões sobre o grupo de produtos que formam determinada categoria, seus níveis de estoque, alocação de espaços nas lojas, promoções e compras, o que lhe dá a oportunidade de entender e gerenciar todo o fluxo em um único processo.

Administrar por categoria de materiais permite que se forme uma visão ampla do negócio, a qual abrange a demanda das vendas, a cadeia de distribuição, o relacionamento entre fornecedores e distribuidores e a percepção do que pode ser realizado em conjunto para obter melhores resultados. Esse tipo de gestão exige uma visão estratégica, envolvendo os aspectos indicados no Quadro 1.1.

Quadro 1.1 – Foco estratégico da gestão por categoria de produtos

Foco estratégico	Alternativas
Consumidor/Cliente	Quem é o consumidor-alvo? (região, estilo de vida, comportamento de consumo)
	Qual é o mercado-alvo? (área geográfica, idade, sexo etc.)
	Qual é o cliente-alvo? (varejo, grandes redes, pequenos negócios etc.)
Produto ou serviço	Quais produtos ou serviços devem ser oferecidos?
	Qual é seu nível de valor? (diferenciado ou não)
	Qual é seu nível de qualidade?
Canal	Qual é o formato ótimo da loja? (eficiência etc.)
Atividades principais	Qual é a estratégia de obtenção?
	Qual é a estratégia de distribuição?
	Qual é a estratégia de *marketing*?
	Qual é a estratégia de serviço ao cliente?
Atividades de suporte	Qual é a estratégia da tecnologia da informação?
	Qual é a estratégia financeira?
Recursos humanos	Qual é a estrutura organizacional necessária?
Relacionamento com parceiros	Qual é a estratégia de distribuidores e fornecedores?

Fonte: Adaptado de Bertaglia, 2003, p. 245.

A gestão de materiais vista como um sistema surgiu por volta de 1993, nos Estados Unidos, com o objetivo de melhorar o atendimento ao cliente final por meio da construção de uma cadeia de suprimentos mais rápida, eficaz e de menor custo entre fabricantes, distribuidores e varejistas. No Brasil, esse sistema começou a ser aplicado no setor de supermercados, tendo em vista a grande concorrência do setor e as pressões de competitividade pela variedade de produtos, qualidade e preços baixos.

O sistema passou a se chamar EFFICIENT CONSUMER RESPONSE (ECR), que significa "resposta eficiente ao consumidor", e se propõe a estabelecer um fluxo consistente de produtos e de informações que caminham bidirecionalmente na cadeia logística de suprimentos, com vistas à manutenção do abastecimento do ponto de venda a custos baixos e em níveis adequados.

Ching (2001, p. 71) esclarece que o sistema ECR opera com as seguintes FILOSOFIAS de gestão:

- *Gerenciamento de categoria — os varejistas gerenciam os produtos por categoria, e estas divididas pela sua atividade fim, como expostas na rede de supermercados, ou seja, corredor de material de limpeza, corredor das bebidas, corredor dos cosméticos, corredor dos lacticínios, etc.;*
- *Reposição contínua – metodologia do just-in-time aplicada no supermercado, ou seja, lotes de transferência menores atendendo o comportamento da demanda;*
- *Benchmark das melhores práticas – maneira das empresas compararem suas performances através de indicadores de resultados;*
- *Compras por computador – automação da emissão de pedido por computador e controles de recebimento, movimentação e estocagem de mercadoria por leitura óptica e eletrônica.*

Conforme Ching (2001), o ECR apresenta SUBSISTEMAS estratégicos, integrados, descritos a seguir:

a) EFFICIENT PRODUCT INTRODUCTION (EPI): objetiva maximizar a eficiência do desenvolvimento e da introdução de novos produtos por parte dos fornecedores, com envolvimento e parceria dos distribuidores. Seu processo envolve cinco etapas:

1. Lançamento e teste: distribuidor e fornecedor concordam quanto ao produto a ser lançado e testado para a introdução no mercado. Ambos realizam, em conjunto, pesquisas de necessidades dos consumidores, discutem tendências de consumo e identificam oportunidades.
2. Preparação do teste: distribuidor e fornecedor discutem e definem a metodologia a ser aplicada no teste, tais como escolher uma área ou loja piloto, período e amostragem mais significativa de potenciais clientes.
3. Realização do teste: é efetuada por meio de equipe conjunta entre fornecedor e distribuidor.
4. Avaliação: refere-se aos resultados obtidos e tabulados no teste.
5. Decisão: fornecedor e distribuidor decidem, em função da avaliação dos resultados, pelo lançamento ou não do produto comercialmente.

b) *EFFICIENT STORE ASSORTMENT* (ESA): visa ao sortimento eficiente da loja, que implica o aperfeiçoamento dos estoques, prateleiras e espaços do local, com o objetivo de definir o *mix* ideal de mercadorias que atenda às necessidades dos consumidores. Nesse processo, fornecedor e distribuidor analisam e determinam o nível de oferta ideal de um produto em uma categoria que satisfaça o consumidor e resulte na obtenção de melhores resultados. O propósito é conhecer o perfil e o comportamento de consumo dos clientes, cruzando-se informações de produtos em forma de matriz, conforme ilustrado no Quadro 1.2.

Quadro 1.2 – *Matriz de gerenciamento por categoria*

CATEGORIA DO PRODUTO	PERFIL DO CLIENTE	
	HORÁRIO DA COMPRA	DIA DA SEMANA DA COMPRA
Material de limpeza		
Alimentos matinais		

(continua)

(Quadro 1.2 – conclusão)

CATEGORIA DO PRODUTO	PERFIL DO CLIENTE	
	HORÁRIO DA COMPRA	DIA DA SEMANA DA COMPRA
Carnes		
Congelados		
Bebidas		

FONTE: ADAPTADO DE CHING, 2001, P. 76.

Os cartões de crédito e de fidelidade utilizados pelas redes de supermercado podem registrar eletronicamente o perfil de consumo de cada cliente no momento que os produtos passam no caixa e que o pagamento é realizado por meio de cartão de crédito.

c) *EFFICIENT PROMOTION* (EP): busca obter a eficiência de promoção de venda do fabricante ou atacadista em relação ao cliente. Essa estratégia visa simplificar acordos promocionais entre os elos da cadeia e repartir os ganhos derivados da simplificação e da redução de gestão das promoções dos fornecedores e dos distribuidores.

d) *EFFICIENT REPLENISHMENT* (ER): a reposição eficiente dos produtos significa dispor da quantidade de estoque suficiente para atender à demanda no período de reposição do fornecedor ou distribuidor. Quanto menor esse tempo de reposição (*lead time*), maior a eficiência da reposição e menores as necessidades de grandes estoques. A reposição eficiente é a ligação de toda a cadeia de suprimentos do ECR em um único fluxo por meio dos seguintes sistemas informatizados:

- Recebimento eletrônico na loja: a expedição da mercadoria do fornecedor para a loja é registrada em uma plataforma por meio de um *software*, com informações acerca de nota fiscal, produto, quantidade, preço, volume etc. O recebimento da mercadoria na loja é feito eletronicamente e qualquer divergência com o registro da expedição do fornecedor é informada imediatamente a ambos.

- Sistema de inventário contínuo: o registro da saída da mercadoria com código de barras pelo caixa efetuado por leitores ópticos e os recebimentos, também registrados eletronicamente, permitem registrar a quantidade da mercadoria na loja em tempo real. A contagem física é realizada constantemente para verificar quantidades alteradas por roubo ou outros erros.
- Leitura por código de barras no ponto de venda: para realizar com precisão a reposição automática do fornecedor, é importante o registro da venda por código de barras automaticamente no sistema, que, além da identificação do produto, deve registrar outras informações de importância logística, tais como embalagem, tamanho, tipo de carga unitizada ou paletizada.
- Pedido emitido por computador: é um processo vital da estratégia ER; a compra é emitida rápida e instantaneamente ao fornecedor via transmissão eletrônica de dados, sem a necessidade da tradicional burocracia de cotações, emissão do pedido de compra por documento, protocolo de aceitação do pedido etc.

e) *EFFICIENT SUPPLY* (ES): possibilita o abastecimento eficiente dos fornecedores dos CDs ou das lojas. O tipo de abastecimento depende das características operacionais de cada fornecedor. Consideram-se as seguintes categorias:
- Fornecimento automático: ocorre quando as mercadorias têm estoque no CD. Cada loja da rede de supermercados faz solicitações diárias aos CDs, que são responsáveis pelo atendimento dos pedidos e pela gerência dos estoques, de tal forma que se mantenham quantidades suficientes de produtos para o atendimento. O atendimento das solicitações dos estabelecimentos é diário e as programações de entregas obedecem a uma programação de transporte e roteiro que minimize seus custos.
- Fornecimento *picking by line*: acontece quando o CD não tem o produto em estoque. Nesse caso, a loja faz solicitações semanais para o setor, o qual, conforme a demanda e a agenda, emite o pedido de compra para o fornecedor. Muitas vezes,

é necessário fechar um pedido mínimo entre lojas para que o fornecedor entregue ao CD ou diretamente em cada loja.

- Fornecimento direto centralizado: acontece quando a loja faz a solicitação para o CD, o qual, por sua vez, repassa o pedido para o fornecedor do material, que, então, faz a entrega diretamente na loja. Nesse tipo de abastecimento, muitos fornecedores exigem uma quantidade mínima de entrega.
- Fornecimento direto da loja: os pedidos dos materiais são feitos diretamente das lojas aos fornecedores e as entregas são realizadas nas próprias lojas.

A visão do sistema ECR também tem sido aplicada na indústria de confecções e vestuário, a fim de se integrarem as diversas estratégias dos canais e de se obter o balanceamento sincronizado entre o fluxo dos materiais na cadeia e a demanda dos clientes nos mais diversos pontos geográficos de vendas.

Síntese

Neste capítulo, examinamos a função da administração de materiais nas organizações, os fatores que determinam as vantagens competitivas das empresas e a forma de utilização do sistema de informações para integrar toda a cadeia de suprimentos até chegar ao consumidor final. As empresas que bem gerenciarem sua administração de materiais, considerando a demanda do mercado, e que a mantiverem integrada à cadeia de suprimentos do negócio contarão, sem dúvida, com um diferencial competitivo no mercado.

Indicações culturais

BERTAGLIA, P. R. **Logística e gerenciamento da cadeia de abastecimento**. São Paulo: Saraiva, 2003.

De fácil leitura e compreensão, a obra abrange vários aspectos do gerenciamento da cadeia de suprimentos.

CHING, H. Y. **Gestão de estoques na cadeia de logística integrada**: supply chain. 2. ed. São Paulo: Atlas, 2001.

O autor destaca o aspecto conceitual da gestão de estoques e sua integração na cadeia de suprimentos até o consumidor final.

GONÇALVES, P. S. **Administração de materiais**: obtendo vantagens competitivas. 2. ed. Rio de Janeiro: Elsevier, 2007.

Essa obra é recomendada para aprofundar o entendimento acerca da administração de materiais nas organizações, suas práticas e abrangência competitiva.

Atividades

1. Descreva a importância da administração de materiais para as organizações.

2. Quais são as principais atribuições da administração de materiais?

3. Cite e comente cinco vantagens competitivas que podem ser obtidas com a administração adequada de materiais nas empresas.

4. Quais são as atividades mais importantes da área de compras na administração de materiais?

5. Descreva a origem do sistema ECR e suas principais vantagens.

(**2**)

Gestão de estoques

Corrêa, Gianesi e Caon (2001) definem *estoques* como quantidades ou acúmulos de materiais, peças ou produtos relativos às fases específicas dos processos de transformação ou de distribuição. Quanto mais independentes forem as fases de um processo, maiores deverão ser os estoques, de forma que interrupções de uma das fases não acarretem interrupção na outra.

Os estoques são meios para coordenar (ajustar) a oferta de acordo com o comportamento da demanda. Quanto mais dependente a demanda for da oferta, menor será a necessidade de estoques e vice-versa. O conceito de *demanda* é bastante antigo e é estudado pelas áreas de economia e administração. Conceitua-se *demanda* como as várias quantidades que os consumidores estão dispostos e aptos a adquirir em função dos diversos níveis de preços possíveis, em determinado período de tempo. Também pode ser o desejo de atender a determinada necessidade.

Muitas organizações apresentam a demanda de seus produtos de forma sazonal, ou seja, pode ser horária, diária, semanal, mensal etc., o que pode originar alguns problemas de capacidade de atendimento ao mercado consumidor e, consequentemente, sobras, excedente ou falta de produtos. A situação ideal seria obter a SINCRONIZAÇÃO entre a demanda e a oferta, buscando-se manter o nível de estoques o mais próximo possível das necessidades dos clientes. Em outras palavras, o ideal seria ter o produto disponível no momento em que o cliente deseja realizar a compra.

Em uma demanda sazonal, o perigo reside justamente em não conseguir atender o consumidor no momento desejado, ou seja, a empresa não perde a venda, porém oferece quantidades excessivas de produtos em um momento em que o cliente não está interessado em adquiri-los. Nessa situação, a empresa pode perder mercado pela falta de sincronia entre sua oferta e a real necessidade do cliente. Uma das funções da gestão de estoques, portanto, é justamente buscar promover essa sincronia, isto é, manter uma quantidade de produtos disponível na empresa para evitar a perda de vendas.

Vejamos como exemplo o consumo de água de uma pequena cidade. A demanda de consumo de água potável independe da oferta (chuva). O fornecedor de água estabelece seu fornecimento de acordo com a região e a época do ano, e a demanda do comprador está relacionada ao número de pessoas da região e às estações do ano. Os comportamentos de ambos são totalmente independentes, já que as pessoas não consomem mais água nos dias de chuva nem menos água em períodos de estiagem. Portanto, nesse exemplo, entre a oferta e a demanda, é preciso dispor de um estoque (uma represa de água) para conciliar e ajustar as diferentes taxas de consumo de água da população e seu suprimento com as chuvas. Na Figura 2.1, é possível perceber que o comportamento da ponta da oferta e o da ponta do consumo são bem diferentes um do outro, quando considerados em relação ao tempo ao longo do ano. A produção tem dois picos bem grandes, mas mantém-se em nível bem baixo durante parte do ano e, na ponta do consumo, há uma média bastante consistente e pouca variação entre altos e baixos das fases.

Figura 2.1 – Represa (estoque de água) conciliando o consumo e o suprimento de água

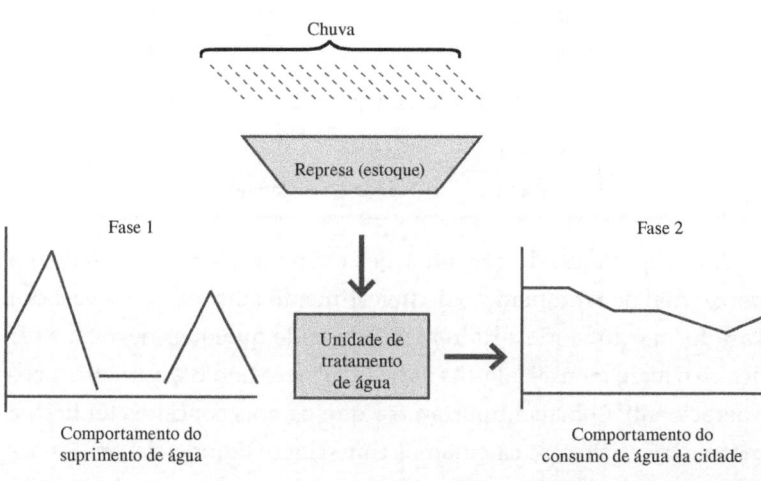

FONTE: ADAPTADO DE CORRÊA; GIANESI; CAON, 2001, P. 50.

(2.1) Funções e objetivos dos estoques

A meta de qualquer empresa é maximizar o lucro sobre seus ativos circulantes e fixos. Manter um estoque significa transformar dinheiro em materiais (matérias-primas e componentes, materiais em processo e produtos acabados).

Existe, portanto, uma situação conflitante entre as disponibilidades de estoque e a vinculação de capital. O departamento de vendas prioriza um estoque elevado de produtos prontos para poder atender de imediato os clientes. O departamento de compras espera contar com lotes maiores para negociar e barganhar melhores preços.

Os setores de produção desejam produzir lotes maiores para reduzir o custo unitário das peças produzidas. A área financeira objetiva reduzir os estoques para diminuir o capital investido. Assim, a administração de estoques deve conciliar da melhor maneira os objetivos e interesses de todos, sem prejudicar a operacionalidade da empresa.

Por que as empresas devem buscar reduzir ao máximo seus estoques? Para aumentar a rentabilidade do capital (RC), conforme evidencia a fórmula a seguir:

$$RC = \text{Rentabilidade das vendas} \cdot \text{Giro do capital}$$

$$RC = \frac{\text{Lucro}}{\text{Capital}} = \frac{\text{Lucro}}{\text{Venda}} \cdot \frac{\text{Venda}}{\text{Capital}}$$

A interpretação dessas equações é simples: a rentabilidade é o percentual de remuneração do investimento feito (capital investido). Para formar uma ideia da rentabilidade de qualquer negócio, verifica-se o lucro mensal (alguns indicam o lucro líquido, outros, o lucro operacional). O mais importante é que os dois conceitos tenham a mesma base, isto é, se calculamos com o lucro líquido, devemos usar como capital apenas os ativos líquidos; se usamos o lucro operacional, apenas o capital operacional, não o total. Assim, a rentabilidade do capital, como um todo, pode ser representada, percentualmente, como a fração de lucro dividida pelo capital investido, ou seja, qual a fração percentual do capital que é dada como retorno ao que se investiu. Isso é o mesmo que verificar a rentabilidade das vendas (quanto se lucra pelas vendas efetuadas no mês), identificando-se qual é o percentual de lucro obtido, e depois certificar-se também do quanto essas vendas representam sobre o capital investido, ou seja, quanto do capital foi vendido e gerou retorno (que é expresso pelo giro do capital).

Portanto, quanto maior for o giro do capital ou giro do estoque da empresa, maior será sua rentabilidade. Quanto maior for o giro do estoque, menor será a quantidade em estoque.

(2.2) Políticas de estoque

A política de estoque consiste em definir DIRETRIZES que orientam a administração de estoques, as quais levam em consideração os seguintes aspectos, conforme Dias (1993, p. 25):

- *Metas da empresa quanto ao tempo de entrega dos produtos ao cliente;*
- *Definição do número de almoxarifados e dos materiais a serem estocados neles;*
- *Até que nível deverão flutuar os estoques para atender as flutuações de demanda;*
- *Até que ponto especular com estoques, fazendo compras antecipadas com desconto ou adquirir mais que o necessário com preço menor;*
- *Definição da rotatividade dos estoques.*

Há alguns PRINCÍPIOS básicos que balizam os estoques. Para que seja possível dimensionar e controlar os estoques, Dias (1993, p. 29) indica a avaliação dos seguintes itens:

- *O que deve permanecer em estoque?*
- *Quando reabastecer o estoque?*
- *Qual quantidade de estoque será necessária para um período predeterminado?*

Além disso, essas políticas também devem contemplar as FUNÇÕES da administração de estoques. As principais são:

- registrar todas as movimentações de entrada ou saída do estoque;
- acionar o departamento de compras para a reposição dos estoques;
- controlar os estoques em termos de quantidade e valor;
- fazer a guarda do estoque e realizar inventários periódicos;
- identificar e retirar do estoque itens obsoletos e danificados.

A PREVISÃO para os estoques fundamenta-se na previsão de demanda ou consumo dos materiais e do tempo de reposição. As informações básicas de demanda são classificadas em duas categorias:

1. QUANTITATIVAS: consideram o histórico das vendas no passado, bem como a correlação das vendas com outros indicadores (nicho de mercado, população, renda *per capita*, planos de financiamento), influências da propaganda, entre outros.
2. QUALITATIVAS: consideram a opinião dos gerentes, dos vendedores e de pesquisas de mercado.

(2.3) Tipos de estoques

Os estoques podem ser classificados por categorias em função das fases entre processos em que se encontram:

- ESTOQUES DE MATÉRIAS-PRIMAS: têm a função de regular diferentes taxas de suprimento entre o fornecedor e o processo de transformação das matérias-primas; são os materiais que sofrem alteração durante o processo de produção ou são revendidos a empresas fabricantes ou prestadoras de serviços que deles necessitam.
- ESTOQUES DE MATERIAL SEMIACABADO: têm a finalidade de regular diferentes taxas de produção entre dois processos de produção.
- ESTOQUES DE PRODUTOS PRONTOS: atendem às diferenças entre as taxas de produção e a demanda do mercado, bem como às vendas em consignação (quando o pagamento está condicionado à venda), caso em que o estoque é chamado de *consignado* ou *em consignação*.

(2.4) Razões para ter e manter estoques

Segundo Corrêa, Gianesi e Caon (2001), existem quatro motivos que levam à formação de estoques:

1. IMPOSSIBILIDADE DE COORDENAR O COMPORTAMENTO DA OFERTA COM A DEMANDA: a necessidade de manter um estoque surge no momento em que não é possível coordenar o comportamento da oferta com o da demanda ou entre duas fases do processo

de transformação ou fabricação, o que faz com que as curvas de suprimento e consumo não sejam iguais.

Retomemos o exemplo representado na Figura 2.1, em que se observa um comportamento previsível do consumo de água de determinada comunidade ou cidade, estando diretamente relacionado ao número de pessoas e às estações do ano.

Em contrapartida, a oferta também apresenta comportamento, de certa forma, previsível em cada região do planeta, mas não tem nenhuma relação com o comportamento do consumo. As pessoas não tomam banho somente nos dias de chuvas, mas independentemente das condições climáticas.

Apesar de haver previsibilidade nas curvas de oferta e consumo, elas são independentes e sem coordenação alguma, tornando necessária a manutenção de um estoque entre ambos, que, na prática, são as represas ou lagos e rios que existem próximos aos pontos de consumo.

Outro exemplo pode acontecer entre fases de um processo industrial. Consideremos, por exemplo, um fornecedor de peças que, por inflexibilidade de seu processo, fornece apenas lotes múltiplos de cem peças, e o processo produtivo que utiliza essa peça apresenta um consumo semanal de dez peças, não havendo, portanto, coordenação entre suprimento e consumo. A cada compra de peças, algum estoque será formado, até que o consumo de dez peças por semana termine com o estoque e justifique nova compra (a empresa terá estoque de peças para dez semanas).

Mais uma possibilidade refere-se à falta de coordenação das informações. Mesmo que as curvas de suprimento e demanda dos materiais sejam de certa forma gerenciadas, pode não haver coordenação entre as informações de demanda e as informações sobre as necessidades dos fornecimentos para atendê-las. Podemos citar também os fabricantes de sorvetes, ovos de páscoa, calendários, equipamentos de ar-condicionado e outros produtos cujas demandas apresentam picos em pequenos ou determinados períodos do ano.

2. **Incerteza**: às vezes, ocorrem imprevistos nas curvas de consumo e suprimento e, nesse caso, é necessário estabelecer um estoque para que o fluxo da demanda não seja prejudicado. Imaginemos um fornecedor de peças que trabalhe de forma coordenada com o comportamento do consumo, em um fluxo de 60 peças por hora. De repente, ele percebe um problema técnico em uma de suas máquinas de produção, que fica parada por um período de 5 horas. Se a empresa tiver 300 peças em estoque, o fluxo da demanda não sofrerá solução de continuidade; caso contrário, a demanda não será atendida no mesmo intervalo de tempo.

3. **Especulação**: existem situações em que a formação de estoque não ocorre pela falta de coordenação ou incerteza entre as fases, mas pela especulação no momento em que as empresas antecipam suas compras para se prevenirem em face de períodos de escassez do material. Em 2006, houve falta de aço no mundo em razão do crescimento de demanda do mercado chinês. Muitas empresas brasileiras que anteviram o cenário compraram essa matéria-prima no início do ano para atender ao consumo do ano todo. Como resultado, o quilo do aço aumentou 90%, pois a escassez e o aumento da demanda provocaram a elevação dos preços. As empresas que compraram o material para sua necessidade anual realizaram bons lucros.

4. **Estoque nos centros de distribuição (CDs)**: alguns setores do varejo com demanda constante exigem estoques próximos aos dos mercados consumidores. A maioria dos produtos de uma rede de supermercados está nessa categoria. Como os fabricantes dos produtos nem sempre estão próximos dos pontos de consumo, isso os obriga a criar CDs, com estoques de produtos para atender a demandas dos pontos de venda durante o período de reposição dos materiais pelos seus fabricantes. Outro exemplo de estoque nessa categoria é o de entreposto aduaneiro, no qual empresas estrangeiras fazem um estoque em um entreposto para atender às demandas em um período de tempo a fim de que um navio ou avião traga a reposição do estoque do entreposto.

A gestão de estoque de determinado material ou produto consiste em coordenar seu consumo e seu suprimento tanto quanto possível.

(2.5) Custos de estoque

Os custos de estoque podem ser dimensionados pelos seguintes critérios, segundo Bertaglia (2003, p. 345-347):

- CUSTO DE AQUISIÇÃO: estão relacionados com a compra e a posse do material para estoque. Essa categoria de custo envolve todos os custos de compra, incluindo salário e encargos sociais do comprador, custos de cotação, licitação, ligações telefônicas, entre outros, ou seja, todas as atividades relacionadas com a aquisição do material. O custo de aquisição pode ser representado simplesmente pela equação:

Custo de aquisição = Custo unitário de pedido · Quantidade de pedidos no período

---

Os custos de aquisição podem incluir custos administrativos (relacionados à recepção do pedido), custos de inspeção, movimentações diversas e, eventualmente, descontos, que devem ser contabilizados como tal.

- CUSTOS DE MANUTENÇÃO DE ESTOQUE: envolvem os custos de armazenagem, movimentação, seguro, proteção e segurança do estoque. Esses custos podem ser calculados pela seguinte equação:

Custo de manutenção = Custo de manutenção por unidade · Estoque médio

---

Para obter o gasto com a manutenção de estoque, basta verificar o gasto pelo estoque médio, pois é por ele que se determina a quantidade em que o estoque deve permanecer por todo o período de vendas. Os custos de manutenção de estoque podem ser expressos como:

- CUSTOS DE ESPAÇO PARA ARMAZENAGEM: os espaços podem ser próprios ou alugados e correspondem a custo. São incluídos aqui também os custos de movimentação, armazenagem, pessoas, energia, água etc.

- **Custos de capital:** são os custos do capital (dinheiro) aplicado no estoque. Esse custo deve ser obtido por meio do custo da fonte de capital aplicado naquele. Não se aplica ao comprador quando o estoque for consignado pelo fornecedor, mas aplica-se a este último.
- **Custos de serviço:** são aqueles relacionados à proteção dos estoques contra roubos, incêndios ou danos.
- **Custo de obsolescência (ou de risco):** é o custo do material por não ter mais utilidade ao comprador. Nenhum consumidor se interessa pelo produto, já que existe um substituto melhor e superior.
- **Custos de falta de estoque:** atrasos em entregas, perdas de lucros e reputação da empresa são levados em conta para a constituição desses custos.
- **Custo total de estoque:** representa a soma de todos os custos que influenciam na aquisição e manutenção do estoque.

Abordamos aqui os critérios para dimensionar os custos de estoque. Na próxima seção, detalharemos alguns aspectos da gestão de estoques.

(2.6) Gestão de estoques na cadeia de suprimentos integrada

Os estoques, nos mais diversos pontos da cadeia logística, dependem do ciclo de reposição (*lead time*) de cada elo da cadeia, para que não cesse o fornecimento aos clientes. Segundo Ching (2001), o ciclo de reposição da cadeia de suprimentos total é conhecido como *time-to-market* e, consequentemente, tem um estoque elevado e uma sobrecarga de custos. O estoque de abastecimento ao longo de toda a cadeia pode permanecer parado muitos dias nos fornecedores de matérias-primas, nas fábricas, nos armazéns, nos depósitos e nas lojas. O Quadro 2.1 apresenta uma ideia de ciclo *time-to-market* e o número de dias dos produtos em estoque em suas diversas fases.

Quadro 2.1 – Time-to-market *de uma cadeia de suprimentos tradicional*

LOCAL DO ESTOQUE	NÚMERO MÉDIO DE DIAS DO PRODUTO EM ESTOQUE
Loja	60
Distribuidor ou atacadista	30
Trânsito fábrica-distribuidor	5
Estoque de produtos prontos na fábrica	15
Processo de fabricação	20
Estoque de matérias-primas na fábrica	15
Estoque dos fornecedores de matéria-prima	20
Total de dias	165

FONTE: ADAPTADO DE CHING, 2001, P. 85.

No que tange ao custo do produto, os valores envolvidos com os materiais e sua administração em toda a cadeia de suprimentos representam volumes significativos. Deve-se ter o cuidado para que o valor da margem de contribuição de um fornecedor não seja transferido e passe a ser um custo variável no elo seguinte da cadeia de suprimentos, pois, nesse caso, haveria um efeito cascata do valor da margem de contribuição de cada empresa da cadeia de suprimentos, o qual não deve ser repassado de forma alguma ao cliente final. A competição pelos mercados faz com que as cadeias de suprimentos mais bem gerenciadas – custos de materiais e sua administração na cadeia – sejam mais competitivas que outras. As empresas da cadeia de suprimentos devem encontrar formas para que as margens de contribuição de seus negócios não se tornem custos variáveis, a fim de obter a margem de contribuição global, distribuindo-a nos elementos da cadeia em função da proporcionalidade do valor agregado ao cliente de cada parte da cadeia.

A gestão de estoques na cadeia de suprimentos deve ser integrada à luz do ciclo de cada etapa. À medida que os valores dos materiais se tornam mais caros, mais rápido deve ser o ciclo das operações e mais próximos devem estar seus integrantes. Consideremos, por exemplo, as modernas montadoras de automóveis que mantêm seus fornecedores sistemistas localizados ao redor, na mesma área industrial.

Uma redução no ciclo total da cadeia de suprimentos ou no *time-to-market* cria considerável vantagem competitiva, além de reduzir custos e aumentar as vendas.

A avaliação da administração de materiais e da gestão de estoques na cadeia de suprimentos, com o intuito de se desenvolver e de se implantar uma estratégia competitiva, deve contemplar os seguintes pontos da cadeia (Ching, 2001):

- custos dos materiais aplicados nos produtos;
- custos logísticos das informações na cadeia;
- custos de transferência do produto na cadeia;
- tempo dos processos em toda a cadeia (ciclos em cada processo);
- custo total da cadeia (variáveis e fixos);
- valor a ser criado aos clientes;
- capacidades e competências atuais e tendências demandadas;
- processos que possam ser integrados, com vistas à redução de custos;
- relacionamento e comunicação entre os integrantes da cadeia.

Ainda segundo Ching (2001), a cadeia de suprimentos integrada, que define o *time-to-market*, é estruturada em três grandes blocos.

1. LOGÍSTICA DE SUPRIMENTOS: esse bloco é o primeiro da cadeia e envolve todas as relações entre os fornecedores de matérias-primas componentes e outras peças aos fabricantes dos produtos. Refere-se também aos meios de transporte e à movimentação de matérias-primas e componentes aos fabricantes dos produtos. Na logística de suprimentos, as atividades de compras assumem

papel estratégico e são essenciais para a categorização dos materiais, o processo de procura, a qualificação, o gerenciamento dos fornecedores, entre outros aspectos.

2. LOGÍSTICA DE MANUFATURA OU PRODUÇÃO: não envolve relação externa a não ser a terceirização de serviços e abrange todas as operações internas de produção da empresa. O fator estratégico nesse bloco é sincronizar a produção com as demandas dos clientes, com a menor quantidade possível de materiais em processo, flexibilidade e rápidas respostas ao mercado e altos níveis de qualidade.

3. LOGÍSTICA DE DISTRIBUIÇÃO: envolve as relações fabricante-distribuidor-varejista-cliente final. Na logística de distribuição, a estratégia é formar alianças com parceiros dos canais que atendam os clientes, com vistas ao menor custo. O sincronismo entre a demanda e os modais de transporte de distribuição ao mercado é um fator extremamente importante e exige profunda análise quanto ao estudo das alternativas de distribuição de produtos.

As logísticas de manufatura e distribuição são abordadas de maneira mais profunda por outras áreas da administração de empresas.

(2.7) Logística de suprimentos

Suprimentos são a fonte de todas as matérias-primas, embalagens, componentes e outros insumos para atender às necessidades de conversão e fabricação dos produtos da logística de produção. A gestão de estoques na logística de suprimentos exige estreitas e duradouras relações comerciais e uma integração de processos entre empresa e fornecedor.

Algumas empresas não dão muita importância à logística de suprimentos; para outras, é uma área extremamente estratégica. Tudo dependerá do número de matérias-primas, componentes e fornecedores envolvidos.

Não se pode subestimar a importância estratégica dos suprimentos, devendo-se considerar que eles são mais ou menos relevantes em função das características de cada negócio e empresa. Os volumes movimentados no canal de suprimentos, por via de regra, tendem a ser bem menores do que no canal de distribuição. Como é o primeiro bloco na cadeia logística e, portanto, o mais distante do cliente final, é o mais afetado pelas variações do mercado e o mais difícil de sincronizar com a demanda dos clientes.

Segundo Ching (2001), a estrutura da logística de suprimentos deve atender a alguns requisitos essenciais nas seguintes áreas:

- SISTEMAS E PROCESSOS: a estrutura da logística de suprimentos deve contar com codificação de materiais e codificação de fornecedores, bem como com sistemas informatizados adequadamente dimensionados e integrados com fornecedores e controle de custos.
- ORGANIZAÇÃO: da mesma forma, deve haver um sistema de procura, seleção, avaliação, certificação e cadastramento de fornecedores, elaboração e análise de contratos, controladoria no sistema de compras; posicionamento do setor de compras na organização e equipes de compras por categoria de produtos.
- RECURSOS HUMANOS: além da organização, a estrutura da logística de suprimentos deve contar com um pessoal que domine os conhecimentos técnicos acerca dos materiais, com habilidades e competências em negociações de compras, programas de treinamento e incentivo ao trabalho em equipe.

De acordo com esse mesmo autor, os desafios da logística de suprimentos, ao fugir do tradicional e buscar a excelência, são os que estão especificados no Quadro 2.2.

Quadro 2.2 – Características do estado de excelência × enfoque tradicional

ATIVIDADES	ENFOQUE TRADICIONAL	BUSCA DA EXCELÊNCIA
Fornecedores	Âmbito local.	Âmbito internacional, na busca dos mais competitivos.
Relações com fornecedores	Meramente comerciais em cada transação.	Visão de parceria/ aliança estratégica com objetivos comuns de longo prazo.
Negociações	Âmbito dos interesses das partes.	Âmbito dos interesses das partes com visão estratégica na cadeia de suprimentos.
Seleção dos fornecedores	Baseada em preço.	Baseada em desempenho e resultado final.
Sistema de informações e comunicação	Realizada por meio de correspondências, telefone e reuniões presenciais.	Sistemas de informática interligados com fornecedores, permitindo troca de informações *on-line*.
Quantidade da compra	Para as necessidades de curto prazo.	Acordos e contratos de longo prazo, com entregas frequentes.
Qualidade do produto	Exige inspeção e aceitação pela empresa compradora.	Qualidade assegurada na fonte pelo fornecedor.
Fatores de decisão	O menor custo visto isoladamente pela empresa.	O menor custo total na cadeia de suprimentos.

FONTE: ADAPTADO DE CHING, 2001, P. 96-97.

A gestão de estoques, sob a visão moderna da cadeia de suprimentos, requer maior integração entre as empresas. Essa integração promove melhoria de produtividade e benefícios competitivos resultantes de alguns pontos, conforme Ching (2001, p. 98):

- relações comerciais mais fortes e duradouras;
- sintonia da demanda e oferta mais ajustada, possibilitando menores quantidades de material em estoque;
- racionalização nos processos de comunicação, reduzindo burocracia;
- redução de custos na cadeia de suprimentos;
- melhor controle dos processos;
- confiabilidade e garantia no cumprimento dos prazos de entrega;
- foco comum nos requisitos de qualidade;
- promoção da interface multifuncional das empresas.

(2.8) Relações de parceria estratégica com fornecedores

Segundo a consultoria Vantine & Associados, citada por Ching (2001, p. 99), uma "parceria pode ser definida como um relacionamento comercial sob medida com base em confiança mútua, abertura, riscos e recompensas compartilhados que proporcionam vantagem competitiva estratégica, resultando em um desempenho melhor do que seria possível individualmente".

As parcerias são fortemente recomendadas para que a cadeia de suprimentos seja mais bem promovida e ofereça maior vantagem competitiva ao cliente final. A parceria permite ganhos de eficiência operacional e, assim, constitui-se em uma barreira à concorrência, assegurando e fortalecendo posições. Exemplos de empresas nacionais que realizaram parcerias estratégicas com seus fornecedores e distribuidores são a Embraer (fábrica de aviões localizada em São José dos Campos, São Paulo) e a Marcopolo (fabrica de ônibus localizada na cidade de Caxias do Sul, Rio Grande do Sul). Ambas desenvolveram uma rede de suprimentos ou logística em sua cadeia de negócios, envolvendo fornecedores tanto nacionais quanto estrangeiros, o que as tornou bastante competitivas perante seus concorrentes estrangeiros, que também desejam entrar no mercado brasileiro, mas enfrentam os obstáculos advindos das parcerias que essas empresas firmaram.

A arquitetura e os projetos de parcerias custam tempo e dinheiro: exigem grande dedicação das diretorias e do corpo gerencial das empresas para compatibilizar culturas organizacionais e estilos gerenciais, análise dos aspectos e competências técnicas e gerenciais das partes e desenvolvimento do clima de confiabilidade mútua. O Quadro 2.3 apresenta uma comparação entre relacionamento colaborativo e de parceria.

Quadro 2.3 – *Características do estado de excelência × enfoque tradicional*

COMPONENTE	NÍVEL COLABORATIVO	NÍVEL DE PARCERIA
Confiança	Cada parceiro desempenha seu papel com honestidade e ética. Confiança centrada na qualidade do produto.	A relação de confiança entre parceiros é total. Fornecimento considerado uma extensão da produção da fábrica.
Entrega de produtos	Conforme programação. Atrasos ocorrem pelas restrições.	Entrega *just-in-time*, de acordo com a demanda do cliente.
Sistema de produção	Misto de empurrar (previsão de vendas) e puxar (demanda).	Direcionado unicamente pela demanda do mercado (puxar).
Nível de estoque	Estoque usado para compensar confiabilidade, flexibilidade e capacidade de produção.	Estoque em processo hoje para a entrega amanhã.

(continua)

(Quadro 2.3 – conclusão)

Componente	Nível colaborativo	Nível de parceria
Planejamento	Realizado em conjunto, eliminando conflitos.	Realizado previamente e em níveis multidisciplinares.
Comunicação	Maior regularidade em certos níveis hierárquicos.	Sistemas de comunicações interligados em todos os níveis.
Escopo	A parceria representa parcela modesta dos negócios.	A parceria reflete a filosofia da relação.
Contrato	Em termos gerais e com longa duração.	Em termos gerais e reflete a filosofia da relação de parceria.

Fonte: Adaptado de Ching, 2001, p. 101.

Síntese

Neste capítulo, abordamos a importância da gestão de estoques nas empresas. Os estoques de materiais devem ser dimensionados no intuito de atender à demanda do mercado de tal forma que não haja quantidades excessivas imobilizando desnecessariamente capital e onerando os custos da empresa. O dimensionamento dos estoques está diretamente relacionado com a dependência ou não do comportamento da demanda com o comportamento da oferta. Também demonstramos a relevância das parcerias entre fornecedor e comprador na gestão de estoques e destacamos as iniciativas necessárias para tornar essa atividade mais produtiva e competitiva na cadeia de suprimentos.

Indicações culturais

BERTAGLIA, P. R. **Logística e gerenciamento da cadeia de abastecimento**. São Paulo: Saraiva, 2003.

O autor analisa a cadeia de abastecimento sob um enfoque estratégico, abordando a importância da tecnologia da informação e das soluções em plataformas integradas na cadeia de suprimentos para respostas mais rápidas e efetivas às demandas do mercado.

CHING, H. Y. **Gestão de estoques na cadeia de logística integrada**: supply chain. 2. ed. São Paulo: Atlas, 2001.

O livro apresenta uma visão acerca do estoque na cadeia de suprimentos e esclarece como a empresa pode repensar a logística de suprimentos, agregando valor ao cliente.

CORRÊA, H.; GIANESI, I. G. N; CAON, M. **Planejamento, programação e controle da produção**. 4. ed. São Paulo: Atlas, 2001.

A obra, apesar de tratar do planejamento – programação e controle da produção –, explica, de forma clara e objetiva, a necessidade dos estoques, sua importância e seu dimensionamento adequado.

DIAS, M. A. P. **Administração de materiais**: uma abordagem logística. 4.ed. São Paulo: Atlas, 1993.

Esse autor foi um dos primeiros teóricos do assunto que trataram a administração de materiais de forma independente da administração da produção, apresentando os conceitos e as funções da administração de materiais e estoques de maneira objetiva.

GONÇALVES, P. S. **Administração de materiais**: obtendo vantagens competitivas. 2. ed. Rio de Janeiro: Elsevier, 2007.

O autor aborda a administração de materiais sob uma visão ampla e moderna, caracterizando a importância da integração na cadeia de suprimentos para criar vantagens competitivas para as organizações.

Atividades

1. Como definir o nível adequado de estoques entre fases com comportamento de oferta e demandas independentes?

2. Como definir o nível adequado de estoques entre fases com comportamento de oferta e demandas dependentes?

3. Em que situações os estoques devem ter caráter especulativo?

4. Como o *lead time* e o *time-to-market* interferem nas quantidades em estoque?

5. Compare a gestão de estoques nas concepções tradicional e moderna.

(3)

Lote de compra, ponto de pedido
e estoque de segurança

<u>O</u> principal aspecto a considerar na gestão de estoque de determinado item diz respeito a duas questões: quando e quanto repor à medida que o estoque é consumido para atender a determinada demanda de mercado. Em outros termos, é preciso definir o momento da reposição e a quantidade a ser reposta para que o estoque atenda às necessidades da demanda e tentar, tanto quanto possível, coordenar o consumo e o suprimento do material em questão.

O Gráfico 3.1 mostra como se comporta a quantidade em estoque de produto com o passar do tempo, havendo uma taxa de demanda (D) do material, o momento em que deve ocorrer um novo pedido de compra e a quantidade que deve ser comprada.

Gráfico 3.1 – Modelo de gestão de estoque

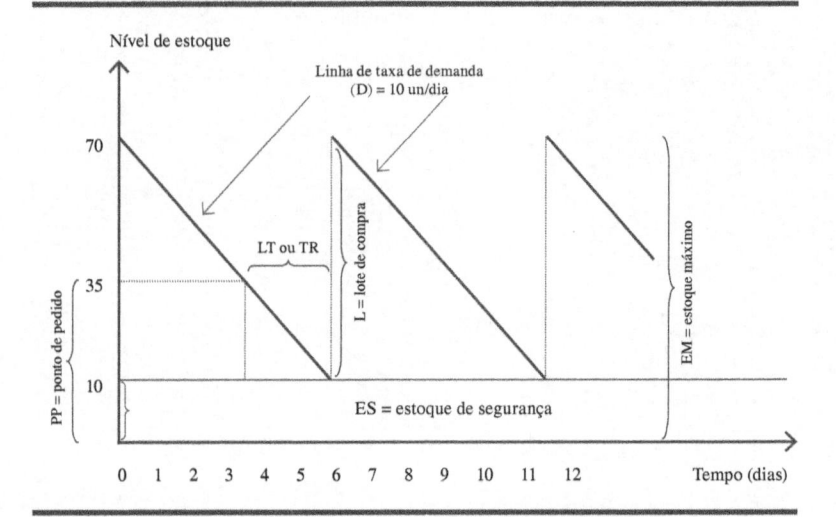

[Gráfico: Nível de estoque vs. Tempo (dias). Eixo vertical com marcações em 10, 35 e 70. PP = ponto de pedido (entre 10 e 35, abrangendo o estoque de segurança e o estoque adicional para o lead time). Linha de taxa de demanda (D) = 10 un/dia. LT ou TR (lead time/tempo de reposição). L = lote de compra. ES = estoque de segurança (nível 10). EM = estoque máximo. Eixo horizontal de 0 a 12 dias.]

Com um nível de estoque de 70 unidades de determinada peça no instante inicial (0) e considerando-se uma taxa de consumo média de 10 unidades por dia, após 6 dias são consumidas 60 peças do estoque. Nesse momento, deve-se repor o estoque para prosseguir o atendimento à taxa de consumo de 10 unidades por dia. Note-se que existe um estoque de segurança de 10 peças para atender a qualquer variabilidade da demanda (aumento) ou do tempo de reposição (eventual atraso). Portanto, no sexto dia, recomenda-se repor o estoque em 60 unidades (que foram consumidas). Para essas 60 unidades chegarem ao sexto dia, o pedido ao fornecedor deve ocorrer tantos dias antes em relação ao seu tempo de fornecimento, também conhecido como *lead time* ou *tempo de reposição*. No Gráfico 3.1, verifica-se que o tempo de reposição do fornecedor é de dois dias e meio (2,5). A seguir, apresentamos a simbologia das variáveis e as fórmulas para o cálculo do ponto de pedido (em que momento comprar) e do lote de compra (em que quantidade comprar).

- Ponto de pedido (PP): é a quantidade de estoque que demarca o momento em que se deve emitir um novo pedido ao fornecedor, de tal forma que o material chegue a tempo e não haja falta ou ruptura de estoque.

- *Lead time* (LT) ou tempo de reposição (TR): significa o tempo entre o ponto de pedido e a chegada do material.
- Lote de compra (L): é igual à demanda (D) vezes o tempo de reposição (TR).
- Taxa de demanda por unidade de tempo (D).
- Estoque de segurança ou estoque mínimo (ES).
- Estoque máximo (EM).

Vamos analisar cada um desses itens nas próximas seções.

(3.1) Ponto de pedido (PP)

O ponto de pedido (PP) é calculado pela seguinte fórmula:

$$PP = D \cdot TR + ES$$

Aplicando-se a fórmula no exemplo do Gráfico 3.1, obtém-se:

$$PP = 10 \cdot 2,5 + 10 = 35 \text{ unidades}$$

Isso significa que, no momento em que o estoque chegar a 35 unidades, deve ser feito o pedido ao fornecedor de uma nova quantidade, denominada *lote de compra*, cujo valor pode ser calculado por diversas formas, como mostraremos a seguir.

(3.2) Lote de compra (L)

O lote de compra (L) pode ser obtido mediante a utilização de vários critérios. O valor ideal é aquele que gera o menor investimento em estoque e, ao mesmo tempo, não ocasiona ruptura ou falta de material. Portanto, o ideal do lote de compra é o valor obtido com a multiplicação da taxa de demanda pelo tempo de reposição (D · TR).

Conforme o exemplo anterior, no Gráfico 3.1, o lote de compra mínimo ideal, no caso, será:

$$L = \frac{10 \text{ unidades}}{dia} \cdot 2,5 \text{ dias} = 25 \text{ unidades}$$

Portanto, no momento em que atingir o ponto de pedido de 35 unidades (incluindo 10 unidades de estoque de segurança), a empresa deve emitir a reposição ao fornecedor de 25 unidades e, dessa forma, sempre realizará os cálculos do momento do pedido e da quantidade a pedir. É importante notar que tudo depende da taxa de demanda e do tempo de reposição do fornecedor.

O valor do estoque máximo (EM) equivale ao valor do lote de compra (L) mais o estoque de segurança (ES), como mostra a fórmula a seguir:

$$EM = L + ES$$

O valor do estoque médio (E_{Med}) corresponde ao valor do lote de compra (L) dividido por dois, mais o estoque de segurança (ES), como mostra a fórmula a seguir:

$$E_{Med} = \frac{L}{2} + ES$$

É possível perceber que, quanto menor for o *lead time* ou tempo de reposição para uma mesma demanda, menor será a necessidade de estoque. Portanto, essa variável é fundamental para as empresas poderem reduzir seus estoques.

O segundo método para definir o lote de compra (L) consiste em considerar o custo de armazenagem e o custo de compra. Quanto maior for o lote de compra, maior será o custo de estocagem e menor será o custo de compra por unidade de produto. Portanto, define-se o lote de compra como a quantidade que gera o menor custo total, considerando-se o custo fixo de compra e o custo de estocagem. O Gráfico 3.2 fornece uma ideia dos respectivos custos e seu ponto ideal, no qual o total corresponde ao menor valor.

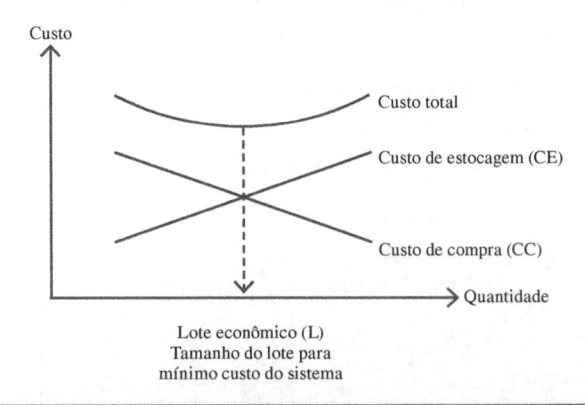

Gráfico 3.2 – Custos totais do sistema de gestão de estoques

[Gráfico: eixo vertical "Custo", eixo horizontal "Quantidade". Curvas: Custo total, Custo de estocagem (CE), Custo de compra (CC). Ponto mínimo indicado como Lote econômico (L) – Tamanho do lote para mínimo custo do sistema.]

O custo de estocagem (CE) é representado pelo estoque médio (L/2) vezes o custo unitário anual de estocagem de uma unidade do item (Ce). O custo de estoque significa os custos anuais da empresa para manter cada unidade de produto e considera os custos da área, dos controles, da segurança e do seguro.

$$CE = \frac{L}{2} \cdot Ce$$

O custo de compra (CC) é representado pelo número de compras ao ano que corresponde à demanda anual (DA) dividida pelo lote de compra (L) vezes o custo fixo de fazer um pedido (Cf). Os custos de compra abrangem os processos de procura, cotações, seleção e controle dos fornecedores.

$$CC = \frac{DA}{L} \cdot Cf$$

Pelas fórmulas, é possível perceber que, quanto maior for o lote de compra, maior será o custo de armazenagem e menor será o custo de compra.

Vamos considerar agora a Tabela 3.1, para esclarecer melhor esses custos de armazenagem e de compra. Suponhamos uma situação em que sejam válidas as seguintes informações:

- Demanda anual do produto = 1.000 unidades
- Custo unitário anual de manter o estoque = R$ 1,00
- Custo fixo para realizar cada compra = R$ 10,00

Tabela 3.1 – Custo de compra, custo de estoque e custo total em função do tamanho do lote

TAMANHO DO LOTE (L)	CUSTO DE COMPRA $(CC) = \dfrac{DA}{L} \cdot Cf$ (R$)	CUSTO DE ESTOCAGEM $(CE) = \dfrac{L}{2} \cdot Ce$ (R$)	CUSTO TOTAL CC + CE (R$)
10	1 000,00	5,00	1 005,00
30	333,33	15,00	348,33
50	200,00	25,00	225,00
70	142,86	35,00	177,86
90	111,11	45,00	156,11
110	90,91	55,00	145,91
130	76,92	65,00	141,92
150	66,67	75,00	141,67
170	58,82	85,00	143,82
190	52,63	95,00	147,63
210	47,62	105,00	152,62
230	43,48	115,00	158,48
250	40,00	125,00	165,00
270	37,04	135,00	172,04
290	34,48	145,00	179,48

De acordo com Gráfico 3.2, quando o custo de estocagem é igual ao custo de compra, obtém-se o menor custo total. Portanto, o lote econômico de compra (L) é obtido pela igualdade dos dois custos.

$$\frac{L}{2} \cdot CE = \frac{DA}{L} \cdot Cf$$

Dessa igualdade obtém-se a equação do lote de compra (L), que se denomina *lote econômico de compra* (LEC):

$$LEC = \sqrt{\frac{2 \cdot DA \cdot Cf}{Ce}}$$

Em que:
DA = demanda anual;
Cf = Custo fixo de fazer um pedido (não varia com a quantidade);
Ce = Custo unitário anual de estocagem de uma unidade do item.
No exemplo dado, o lote econômico de compra será:

$$LEC = \sqrt{\frac{2 \cdot 1\,000 \cdot 10}{1}} = 141 \text{ unidades}$$

Limitações do critério do ponto de pedido e lote econômico

A primeira limitação dos modelos apresentados é que eles assumem demanda constante, o que, na prática, ocorre muito pouco. Outra limitação do modelo do lote econômico é que nem sempre é simples ou possível determinar os custos unitários de armazenagem e os custos unitários de compra. Arbitrar esses valores sem a exatidão real dos custos da empresa leva a um desempenho pobre e perigoso do sistema de gestão de estoques. Portanto, o modelo é aplicável somente quando as condições mencionadas são atendidas.

(3.3) Revisão periódica

O terceiro critério de gestão de estoques é o sistema de revisão periódica. Nesse método, verifica-se periodicamente o nível de estoque de cada item e, com base no nível encontrado, determina-se a quantidade a ser reposta, de modo que, ao recebê-la, seja atingido um nível de estoque predeterminado. O sistema está ilustrado no Gráfico 3.3.

Gráfico 3.3 – Representação gráfica do sistema de revisão periódica

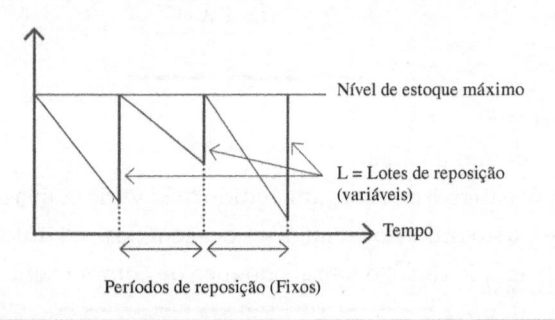

FONTE: ADAPTADO DE CORRÊA; GIANESI; CAON, 2001, P. 78.

A fórmula para determinar o lote de compra (L) pelo método de revisão periódica considera, além do tempo de entrega do fornecedor, o período entre as inspeções e quantidades pendentes já compradas e as que vão chegar à empresa:

$$L = D \cdot (P + TR) + ES - (E + QP)$$

Em que:
L = quantidade a repor ou comprar;
D = taxa de demanda;
P = período de revisão;
TR – *lead time* = tempo de reposição;
ES = estoque de segurança;
E = estoque atual;
QP = quantidade pendente (já pedida e aguardando a chegada).

Agora, vejamos um exemplo para determinar o lote de compra pelo método da revisão periódica. Imagine que uma loja de materiais de construção revisa o estoque de tintas a cada 15 dias e que seu tempo de reposição é de 3 dias, a taxa de demanda é de 6 litros/dia, o estoque de segurança é de 8 litros, o estoque atual é de 18 litros e a quantidade pendente é zero, ou seja, não há pedidos pendentes. Qual é a quantidade a ser resposta se uma revisão fosse feita agora?

Solução: pelo enunciado do problema, é possível identificar as variáveis como segue: L = a ser calculado e obtido; D = 6 litros por dia; P = 15 dias; TR = 3 dias; ES = 8 litros; E = 18 litros; QP = 0 (zero). Aplicadas na fórmula, obtém-se, pela revisão periódica, o valor do lote de compra:

$$L = D \cdot (P + TR) + ES - (E + QP)$$

Aplicando-se os valores a essa equação, obtém-se:

$$L = 6 \cdot (3 + 15) + 8 - (18 + 0) = 98 \text{ litros}$$

Como demonstramos, é possível determinar o lote de compra pelo método da revisão periódica.

Limitações do método de revisão periódica

Como as revisões de níveis de estoque são realizadas em intervalos fixos, é possível que ocorra falta de estoque. O sistema é menos capaz de responder rapidamente a aumentos de demanda repentinos, o que exige níveis de estoques de segurança mais elevados. O critério também apresenta desvantagem para itens de custo elevado, pois a empresa corre o risco de imobilizar grandes quantias financeiras em estoque, talvez sem necessidade.

(3.4) Estoque de segurança (ES)

Estoque de segurança (ES) é a quantidade mínima de estoque de determinado item para cobrir eventuais oscilações ou variabilidades no tempo de reposição ou na demanda, a fim de garantir o funcionamento eficiente de qualquer processo produtivo ou comercial de vendas, sem o risco de que falte material. O estoque de segurança, portanto, visa minimizar a falta de material associado aos menores custos.

Nas fórmulas vistas nos três métodos anteriores, sobre o cálculo do tamanho de lote de compra, foi assumida a hipótese de demanda e tempo de reposição constante. Entretanto, na prática, esse cenário nunca se realiza, e as demandas ocorrem e devem ser calculadas em um valor médio com flutuações ou variabilidades em torno desse valor. O mesmo raciocínio é aplicado ao tempo de reposição, para o qual, na prática, existe um período médio e pequenas oscilações em torno dele. Portanto, o estoque de segurança deve ser dimensionado para atender:

- oscilações de consumo acima da média prevista;
- eventuais atrasos no tempo de reposição do material;
- eventuais rejeições de material por problemas de qualidade.

A seguir, na Tabela 3.2, apresentamos o cálculo da demanda média e de sua variabilidade pelo cálculo do desvio-padrão.

Tabela 3.2 – *Cálculo da média e do desvio-padrão da demanda em função de seu comportamento histórico*

Mês	D	$D - D_M$	$(D - D_M)^2$
1	400	74	5 476
2	350	124	15 376
3	620	146	21 316
4	380	94	8 836
5	490	16	256

(continua)

(Tabela 3.2 – conclusão)

Mês	D	D – Dm	(D – Dm)²
6	530	56	3 136
7	582	108	11 664
8	440	34	1 156
Total	3 792		67 216
Média: 474			
Desvio-padrão: 98			

O cálculo da média é obtido pela soma da demanda dos 8 meses, totalizando 3 792 unidades, o que, dividido por 8, resulta na demanda média de 474 unidades por mês.

O desvio-padrão (σ) é obtido pela fórmula a seguir, que resulta em 98 unidades.

$$\sqrt{\Sigma \frac{(D-Dm)^2}{n-1}}$$

Portanto, o desvio-padrão do consumo de oito meses mostrado na Tabela 3.2 será de:

$$\sqrt{\frac{67 \cdot 216}{8-1}} = 98$$

Conforme o exemplo, é possível calcular a demanda média e sua variabilidade pelo cálculo do desvio-padrão.

Fórmula para determinar o estoque de segurança (ES)

O grau de atendimento (GA) significa a probabilidade de não ocorrer falta de estoque. Em outras palavras, refere-se a quantas vezes o estoque de segurança pode atender a 100 ocorrências de consumo ou demanda. Por exemplo: 90 vezes em 100 correspondem a um grau de atendimento de 90%.

A fórmula para o cálculo do estoque de segurança (ES) é a seguinte:

$$ES = K \cdot \sigma$$

O valor de K é obtido pelo percentual do grau de atendimento desejado (Tabela 3.3).

Tabela 3.3 – *Fator K em função do grau de atendimento (GA)*

GA (%)	K
99,99	3,090
99,5	2,576
99	2,326
97,5	1,960
95	1,645
90	1,282
85	1,036
80	0,842
75	0,674
70	0,524
65	0,385
60	0,253
55	0,126
50	0,00

Fonte: Adaptado de Corrêa; Gianesi; Caon, 2001, p. 65.

O desvio-padrão (σ) pode ser calculado pela fórmula a seguir:

$$\sigma = \sqrt{\sigma_D^2 \cdot \sigma_{TR}^2 + D^2 \cdot \sigma_{TR}^2 + TR^2 \cdot \sigma_D^2}$$

Em que:
σ_D = desvio-padrão da demanda;
σ_{TR} = desvio-padrão do tempo de reposição;
D = demanda média;
TR = tempo de reposição.

Exercícios resolvidos

Vejamos agora alguns exemplos resolvidos para obter o estoque de segurança.

1. Considere o mesmo exemplo das demandas mensais representadas na Tabela 3.2, durante um período de 8 meses, no qual encontramos como demanda média o valor de 474 e um desvio-padrão de 98. Determine o estoque de segurança para um grau de atendimento de 95% e para que o fornecedor reponha o material no período de um mês, sem nenhuma oscilação, ou seja, com o desvio-padrão do tempo de reposição igual a zero.

Resolução

Para um grau de atendimento (GA) de 95%, obtém-se um valor de K = 1,645.

Portanto, o estoque de segurança (ES) será:

ES = 1,645 · 98 = 162 unidades

2. Uma empresa apresenta um histórico de demanda média de 200 peças/dia, com um desvio-padrão de 10 peças, e o tempo de reposição (*lead time*) médio de 5 dias, com um desvio-padrão de um dia. Determine:

a) o estoque de segurança considerando um grau de atendimento de 95%;

b) o ponto de pedido.

Resolução

D = demanda média = 200 peças/dia;

σ_D = desvio-padrão da demanda = 10 peças/dia;

TR = tempo de reposição = 5 dias;

σ_{TR} = desvio-padrão do tempo de reposição = 1 dia;

K = fator do grau de atendimento (GA) desejado = 1,645 para GA de 95%.

a) Aplicando-se esses valores na fórmula do estoque de segurança (ES), obtém-se:

$$ES = K\sqrt{\sigma_D^2 \cdot \sigma_{TR}^2 + D^2 \cdot \sigma_{TR}^2 + TR^2 \cdot \sigma_D^2}$$

$$ES = 1{,}645\sqrt{100 \cdot 1 + 40\,000 \cdot 1 \cdot 25 \cdot 100} = 1{,}645 \cdot \sqrt{42\,600} = 340 \text{ peças}$$

ES = 340 peças

b) Já o ponto de pedido será:

$$PP = D \cdot TR + ES = (200 \cdot 5) + 340 = 1\,340 \text{ peças}$$

Síntese

Um dos grandes desafios das empresas é o dimensionamento adequado dos estoques, com vistas ao mínimo de investimento em capital e ao melhor nível de atendimento ao cliente. Neste capítulo, abordamos os diferentes critérios para definir o momento de repor o estoque e a respectiva quantidade, considerando-se a existência ou não de dependência entre o comportamento da demanda e o da oferta. Basicamente, são duas as variáveis que determinam o dimensionamento dos estoques – a demanda do material (quantidade por unidade de tempo) e o tempo de reposição (prazo de entrega do fornecedor ou prazo de fabricação e fornecimento).

Examinamos também o lote econômico de compra, que é usado somente para definir a quantidade de reposição de estoque quando se consideram relevantes os custos de compra e de armazenagem do material.

Por fim, apresentamos como se dimensiona adequadamente o estoque de segurança dos materiais em função da variabilidade do comportamento da demanda e do tempo de reposição, correlacionado com o grau de atendimento desejado.

Indicações culturais

CHING, H. Y. **Gestão de estoques na cadeia de logística integrada**: supply chain. 2. ed. São Paulo: Atlas, 2001.

O autor aborda o assunto deste capítulo de forma conceitual e com alguns exemplos ilustrativos.

CORRÊA, H.; GIANESI, I. G. N.; CAON, M. **Planejamento, programação e controle da produção**. 4. ed. São Paulo: Atlas, 2001.

É a obra mais completa em termos de metodologia e sobre cálculos do lote de compra, ponto de pedido e estoque de segurança.

GONÇALVES, P. S. **Administração de materiais**: obtendo vantagens competitivas. 2. ed. Rio de Janeiro: Elsevier, 2007.

O autor apresenta estudos de casos e uma série de exercícios sobre o tema deste capítulo.

Atividades

1. O departamento de impressão de uma editora consome papel à taxa de 90 pacotes por dia, e trabalha-se, em média, 250 dias por ano. São gastos três dias entre o pedido e o recebimento dos pacotes de papel, e a editora tem um estoque de segurança para atender a um dia de impressão caso haja algum imprevisto na entrega. Qual é o ponto de pedido?

2. Qual é a porcentagem de formação de estoque de um produto que apresenta uma taxa de demanda de 40 unidades/dia e uma taxa de reposição de 50 unidades/dia? Nesse caso, como você determinaria o estoque máximo, sem conhecer o custo de pedido e o custo de armazenagem do referido produto? Justifique sua resposta.

3. Um supermercado revisa seus produtos nas prateleiras duas vezes ao dia. O tempo de reposição do centro de distribuição do fornecedor de determinado material de limpeza é de um dia. A demanda média desse produto tem sido de 200 unidades/dia, sem estoque de segurança no supermercado. Qual deve ser o lote de reposição em cada inspeção de prateleira, considerando-se como média do produto existente em cada revisão a quantidade de 25 unidades, sem pedidos pendentes?

4. Uma fábrica de bombas de combustível para automóveis tem um consumo anual de 1 milhão de parafusos, sempre transportados pelo mesmo meio. O gerente de compras está analisando as opções de compra semestral ou trimestral de parafusos, representadas a seguir.

Gráfico 1 – Representação gráfica da revisão periódica da fábrica

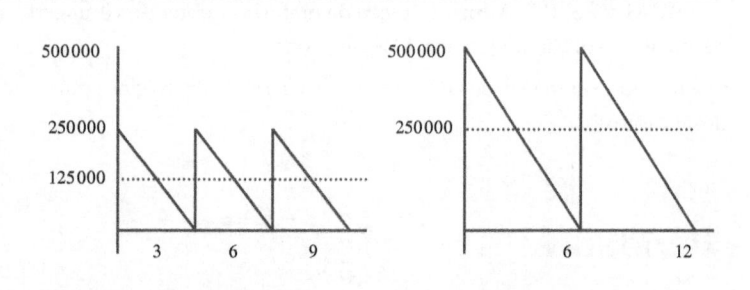

O gerente deve tomar uma decisão considerando que a compra:
a) trimestral apresenta maior custo de manutenção de estoque.
b) trimestral resulta em consumo anual menor.

c) semestral apresenta menor investimento em estoque.
d) semestral resulta em estoque zerado duas vezes ao ano, implicando menor risco de falta.
e) semestral resulta em maior custo de transporte.

5. O fornecedor de determinada peça tem tradição de entregas semanais sem atrasos nos últimos dois anos. A demanda do produto tem sido em torno de 600 unidades por dia, com um desvio-padrão de 20 unidades. Determine o estoque e a segurança para um grau de atendimento de 95%.

(**4**)

Avaliação de estoques

Neste capítulo, trataremos dos métodos utilizados para proceder à avaliação financeira de estoques de materiais (matérias-primas, peças, componentes, produtos), tendo em vista as movimentações de entrada e saída em estoque. Na avaliação, consideram-se alguns critérios para obter o valor financeiro dos materiais, tais como uso do preço de aquisição, de preços médios ou do preço da última aquisição. A maneira como uma empresa administra seus estoques influencia sua lucratividade.

(4.1) Métodos de avaliação de estoques

Os estoques constituem uma parcela considerável de valor econômico dos ativos das empresas e podem ser classificados em cinco categorias, conforme Corrêa, Gianesi e Caon (2001):

- ESTOQUES DE MATÉRIA-PRIMA: itens utilizados no processo de produção de artigos acabados.
- ESTOQUES DE PRODUTOS EM PROCESSO: itens que estão em processo de produção.
- ESTOQUES DE PRODUTOS ACABADOS: itens que já estão prontos.
- ESTOQUES EM TRÂNSITO: itens que já foram expedidos, mas que ainda não chegaram ao seu destino.
- ESTOQUES EM CONSIGNAÇÃO: materiais ou produtos que são pagos à medida que são vendidos.

Os materiais adquiridos ou fabricados pela empresa devem ingressar nos estoques contabilizados pelo seu custo individual.

O custo do material em ESTOQUE pode ser calculado de três maneiras para contabilizar a conta de estoques dos balancetes ou balanço da empresa.

- 1º método: valor do custo médio;
- 2º método: PEPS – primeiro a entrar, primeiro a sair;
- 3º método: UEPS – último a entrar, primeiro a sair.

Pela legislação contábil brasileira, somente os dois primeiros métodos são aceitos para valorizar os estoques e obter o resultado operacional da empresa.

Vejamos um exemplo de valorização dos estoques pelos três métodos. Uma empresa apresentou a movimentação de estoque de determinado material, conforme a Tabela 4.1. Definiremos o valor dos estoques ao final da movimentação pelo método do custo médio e pelos métodos PEPS e UEPS.

Tabela 4.1 – Movimentação da peça 284569 – mês de março

Data	Histórico	Quantidade	Preço unit. (R$)	Valor (R$)	Quantidade	Preço unit. (R$)	Valor
			ENTRADA			SAÍDA	
10/mar.	Entrada	300	4,00	1 200,00			
15/mar.	Entrada	500	3,80	1 900,00			
18/mar.	Entrada	200	5,00	1 000,00			
23/mar.	Saída				500		
26/mar.	Saída				200		
30/mar.	Saída				100		

A seguir, é possível conferir o cálculo de avaliação do estoque por meio dos três métodos.

Tabela 4.2 – Primeiro método – Custo médio (o mais usado pelas empresas)

Data	Histórico	Entrada			Saída			Saldo		
		Quantidade	Preço unit. (R$)	Valor (R$)	Quantidade	Preço unit. (R$)	Valor (R$)	Quantidade	Preço unit. (R$)	Valor (R$)
10/mar.	Entrada	300	4,00	1 200,00				300	4,00	1 200,00
15/mar.	Entrada	500	3,80	1 900,00				800	3,875	3 100,00
18/mar.	Entrada	200	5,00	1 000,00				1 000	4,10	4 100,00
23/mar.	Saída				500	4,10	2 050,00	500	4,10	2 050,00
26/mar.	Saída				200	4,10	820,00	300	4,10	1 230,00
30/mar.	Saída				100	4,10	410,00	200	4,10	820,00
	MM	1 000		4 100,00	800		3 280,00	200		820,00

Primeiramente, vejamos como é realizado o cálculo do valor do estoque pelo MÉTODO DO CUSTO MÉDIO. Como podemos verificar pela Tabela 4.2, em 10 de março houve a entrada no estoque de 300 unidades ao preço unitário de R$ 4,00, totalizando um valor de entrada de R$ 1 200,00. No dia 15 de março, ocorreu nova entrada de 500 unidades no estoque, ao custo unitário de R$ 3,80, perfazendo um total de R$ 1 900,00. Ora, como já havia em estoque 300 unidades ao valor de R$ 1 200,00, o saldo no estoque após a segunda entrada foi de 800 unidades (300 + 500) ao valor total de R$ 3 100,00 (R$ 1 200,00 + R$ 1 900,00). No dia 18 de março, houve nova entrada de 200 unidades do material no estoque, com valor unitário de R$ 5,00, perfazendo um total de R$ 1 000,00.

Consequentemente, o saldo em estoque do material passou a ser de 1 000 unidades ao valor total de R$ 4 100,00. O valor unitário do material em cada uma das entradas foi diferente (R$ 4,00, R$ 3,80 R$ 5,00), o que proporcionou um valor unitário médio ponderado de R$ 4,10, resultado da divisão do valor total que entrou em estoque (R$ 4 100,00) pela quantidade total de entrada de 1 000 unidades.

No dia 23 de março, ocorreu uma saída de 500 unidades do estoque ao valor unitário de R$ 4,10, que é o valor unitário médio ponderado do material na data de saída do estoque. Sempre que ocorrer uma saída de material do estoque, ela deve ser feita pelo valor unitário médio ponderado do material que consta na coluna do saldo. Toda vez que ocorrer uma entrada de material do estoque, devem-se somar respectivamente as quantidades e os valores totais de entrada com os existentes e obter o novo custo unitário médio ponderado, por meio da divisão do total do valor pelo total da quantidade. Notemos que as saídas de 26 de março e 30 de março também ocorreram ao valor unitário de R$ 4,10. Já o custo unitário do material se manteve.

Vejamos o mesmo cálculo efetuado agora pelo MÉTODO PEPS (Tabela 4.3).

Tabela 4.3 – Segundo método – PEPS

Data	Histórico	ENTRADA			SAÍDA			SALDO		
		Quantidade	Preço unit. (R$)	Valor (R$)	Quantidade	Preço unit. (R$)	Valor (R$)	Quantidade	Preço unit. (R$)	Valor (R$)
10/mar.	Entrada	300	4,00	1 200,00				300	4,00	1 200,00
15/mar.	Entrada	500	3,80	1 900,00				800	3,875	3 100,00
18/mar.	Entrada	200	5,00	1 000,00				1 000	4,10	4 100,00
23/mar.	Saída				300	4,00	1 200,00	700	4,143	2 900,00
23/mar.	Saída				200	3,80	760,00	500	4,28	2 140,00
26/mar.	Saída				200	3,80	760,00	300	4,60	1 380,00
30/mar.	Saída				100	3,80	380,00	200	5,00	1 000,00
	MM	1 000		4 100,00	800		3 100,00	200		1 000,00

Pelo método PEPS, baixam-se os estoques pelos custos mais antigos. Dessa forma, o saldo final torna-se, no fim do período, valorizado pelo preço mais recente.

Vejamos agora como esse cálculo é feito pelo MÉTODO UEPS (Tabela 4.4).

Tabela 4.4 – Terceiro método – UEPS

Data	Histórico	Entrada Quantidade	Entrada Preço unit. (R$)	Entrada Valor (R$)	Saída Quantidade	Saída Preço unit. (R$)	Saída Valor (R$)	Saldo Quantidade	Saldo Preço unit. (R$)	Saldo Valor (R$)
10/mar.	Entrada	300	4,00	1 200,00				300	4,00	1 200,00
15/mar.	Entrada	500	3,80	1 900,00				800	3,875	3 100,00
18/mar.	Entrada	200	5,00	1 000,00				1 000	4,10	4 100,00
23/mar.	Saída				200	5,00	1 000,00	800	3,875	3 100,00
23/mar.	Saída				300	3,80	1 140,00	500	3,92	1 960,00
26/mar.	Saída				200	3,80	760,00	300	4,00	1 200,00
30/mar.	Saída				100	4,00	400,00	200	4,00	800,00
	MM	1 000		4 100,00	800		3 300,00	200		800,00

Pelo método UEPS, baixam-se os estoques pelos custos mais recentes. Dessa forma, o saldo final torna-se, no fim do período, valorizado pelos custos mais antigos.

(4.2) Rotatividade ou giro de estoque

Referindo-se a uma relação entre o consumo por unidade de tempo e o estoque médio do item ou do produto, a rotatividade ou giro de estoque corresponde ao número de vezes em que o estoque é consumido totalmente durante determinado período. Também pode ser obtido pelos valores monetários de custos ou de vendas. Na prática, a unidade mais utilizada pelas empresas é o giro de estoque por ano.

O cálculo da rotatividade ou giro de estoque pode ser realizado tanto pela quantidade como pelo valor econômico, considerando-se as seguintes fórmulas:

$$\text{Rotatividade (pela quantidade)} = \frac{\text{Consumo médio/tempo}}{\text{Estoque médio}}$$

$$\text{Rotatividade (pela valor)} = \frac{\text{Custo das vendas}}{\text{Investimento médio em estoque}}$$

Quanto maior a rotatividade do estoque, melhor para a empresa, pois significa que ela está vendendo mais. Porém, isso não pode ser avaliado isoladamente, pois devem também ser considerados os custos envolvidos nas compras, como o manuseio e o transporte, que tendem a aumentar à medida que o produto tem maior giro, comparados com os custos de estoques que tendem a diminuir em maior giro.

- **EXEMPLO DO CÁLCULO DO GIRO POR QUANTIDADE**: o consumo anual de um produto foi de 800 unidades e seu estoque médio é de 100 unidades. A rotatividade, portanto, será de 8 vezes ao ano (800 unidades divididas por 100).

- Exemplo do cálculo do giro pelo valor: uma loja de calçados apresentou, nos últimos 12 meses, um custo de mercadoria vendida igual a R$ 1 000 000,00 e o investimento médio em estoques de calçados de R$ 200 000,00. Portanto, o giro de estoque, em valor, no ano, foi de 5 vezes (R$ 1 000 000,00 dividido por R$ 200 000,00).

O giro de estoque pode ser calculado de forma global na empresa, ou por família de produtos, ou ainda pelo valor econômico do produto (classificação dos itens pela curva ABC, abordada na Seção 4.5).

(4.3) Cobertura de estoque

A cobertura de estoque refere-se ao período de tempo pelo qual o estoque atenderá à demanda do mercado sem que haja reposição.

Como exemplo de cálculo de cobertura vamos supor que uma empresa tem 30 unidades de determinada peça em estoque e as vendas médias da empresa têm sido de 5 unidades por dia. Qual será a cobertura de estoque? Fazendo o cálculo, concluímos que a cobertura será de 6 dias (30 divididos por 5).

(4.4) Acuracidade de estoque

A acuracidade de estoque é obtida pela relação entre a quantidade física no estoque e a quantidade lançada nos registros de controle. Esses registros são lançados em cada movimentação do estoque pelos seus documentos de origem. No caso de entrada de material no setor, o lançamento ocorrerá pela nota fiscal do fornecedor ou pelo documento de devolução de material destinado à estocagem. A saída de material do estoque ocorrerá pela nota fiscal de venda ou pela requisição do material destinado (por exemplo, para a produção).

O valor da acuracidade é fornecido em percentual, sendo 100% o ideal. O cálculo da acuracidade de estoque é realizado pela seguinte fórmula:

$$\text{Acuracidade de estoque} = \frac{\text{Quantidade física (real existente)}}{\text{Quantidade registrada nos controles de estoque}}$$

A acuracidade pode ser calculada também pelo valor do estoque total da empresa, ou por família de produtos, ou ainda pela classificação dos itens pela curva ABC.

(4.5) Método ABC para gestão de estoques

A origem do método é atribuída a Vilfredo Pareto, que o aplicou, em meados do século XIX, na Itália, para medir a distribuição de renda da população, já que havia constatado que poucos indivíduos da sociedade da época concentravam a maior parte das riquezas.

O método da curva ABC tornou-se um importante instrumento na gestão de estoques, pois possibilita a divisão dos materiais do estoque em categorias – A, B e C – considerando a representatividade de cada um em relação ao valor monetário (investimento em ativo circulante) realizado em estoque.

Com essa classificação, a empresa tem condições de separar o essencial do trivial. O objetivo do método é identificar os itens mais significativos para a gestão financeira e, com base nessa constatação, imprimir um gerenciamento por exceção, que consiste, basicamente, na realização de medidas e controles mais apurados e constantes sobre poucos itens, em vez de a administração se preocupar, da mesma forma e na mesma medida, com todo o conjunto do inventário. O método permite, então, introduzir tratamento diferenciado para cada item ou grupo de materiais quanto à natureza e à extensão dos controles necessários.

Os itens de valor pouco representativo em relação ao montante considerado – os que apresentam relativo peso nesse conjunto e aqueles que representam custos mais elevados para a empresa – não devem, em uma administração por objetivos, estar sujeitos aos mesmos tipos de controle, tampouco ser tratados ou trabalhados da mesma forma. Isso representa tempo e dinheiro que poderiam ser mais bem distribuídos, sobretudo em benefício de um desempenho mais efetivo dos estoques.

É possível entender melhor o método por meio do Gráfico 4.1, que demonstra a curva ABC do estoque. No eixo horizontal, é colocado o percentual dos itens acumulados nos estoques e, no eixo vertical, o percentual dos valores correspondentes acumulados.

Conforme o Gráfico 4.1, 10% dos itens (classe A) correspondem a 70% do valor do estoque, e o maior número de itens (classe C), ou seja, 60% do total de itens do estoque, representa apenas 10% do valor. Entre esses limites estão compreendidos 30% dos itens (classe B), que correspondem a 20% dos valores de estoque. Em outras palavras, controlar 10% dos itens de estoque significa controlar 70% de seu valor.

Gráfico 4.1 – *Representação gráfica da curva ABC de estoques*

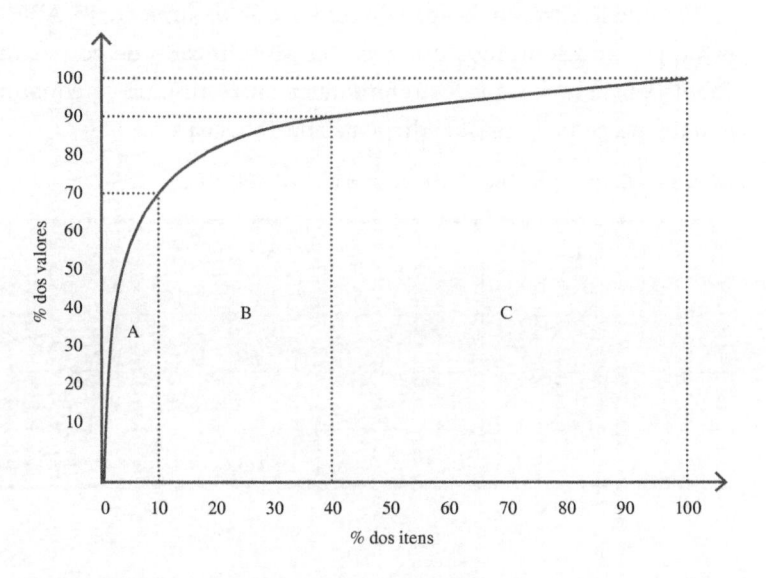

FONTE: ADAPTADO DE GONÇALVES, 2007, P. 160.

Construção da curva ABC de estoques

O sistema ABC pode ser construído de diferentes maneiras. O método mais usual é o que considera como parâmetro principal o custo da demanda anual de cada um dos itens do estoque, o qual é obtido multiplicando-se a quantidade de cada item pelo seu custo médio. Outra forma de elaborar a curva ABC é pelo estoque médio de cada item por valor classificado em função da participação individual no montante total dos valores monetários médios dos estoques. Um dos aspectos positivos do sistema é revelar os materiais cujo preço unitário é pequeno, comparando-os com outros. No entanto, seu grande consumo ou estoque adquire valores consideráveis.

A construção do sistema ABC exige o conhecimento de três elementos básicos:

1. relação dos itens do estoque;
2. consumo anual ou estoque médio de cada item;
3. preço unitário de cada item.

Para ilustrarmos as etapas de construção de uma curva ABC de estoques, apresentamos um exemplo simplificado de 20 itens na Tabela 4.6; as informações referentes a custo unitário e consumo anual para cada item estão dispostas na Tabela 4.5.

Tabela 4.5 – Classificação ABC (% dos itens versus % do valor)

CLASSIFICAÇÃO DOS ITENS	% DOS ITENS	% DO VALOR
A	20 %	48,93 %
B	30 %	29,13 %
C	50 %	21,94 %

Tabela 4.6 – Valores de saída do estoque em função da demanda e do custo unitário

Item	Demanda anual	Custo unitário (R$)	Valor de consumo (R$)
1	15 000	2,00	30 000,00
2	6 500	5,00	32 500,00
3	4 000	7,00	28 000,00
4	3 000	18,00	54 000,00
5	1 500	6,00	9 000,00
6	2 700	25,00	67 500,00
7	1 200	44,00	52 800,00
8	800	31,00	24 800,00
9	400	65,00	26 000,00
10	180	120,00	21 600,00
11	200	150,00	30 000,00
12	1 600	37,00	59 200,00
13	2 500	75,00	187 500,00
14	1 900	65,00	123 500,00
15	1 000	28,00	28 000,00
16	200	243,00	48 600,00
17	1 100	57,00	62 700,00
18	3 000	4,00	12 000,00
19	1 600	15,00	24 000,00
20	1 000	142,00	142 000,00
		Total (R$)	1 063 700,00

A Tabela 4.7 fornece, nas duas últimas colunas, o percentual de itens e o correspondente percentual de valor. Essa tabela foi gerada com base na anterior, colocando-se os itens em ordem decrescente de valor total de cada item e calculando-se seu percentual em relação ao valor total de consumo do ano.

Tabela 4.7 – Construção da curva ABC – ordem decrescente do valor de consumo de cada item

ITEM	DEMANDA ANUAL	CUSTO UNIT. (R$)	VALOR DE CONSUMO (R$)	VALOR ACUMULADO (R$)	% DOS ITENS	% VALOR ACUMULADO
1	2 500	75,00	187 500,00	187 500,00	5	17,63
2	1 000	142,00	142 000,00	329 500,00	10	30,98
3	1 900	65,00	123 500,00	453 000,00	15	42,59
4	2 700	25,00	67 500,00	520 500,00	20	48,93
5	1 100	57,00	62 700,00	583 200,00	25	54,83
6	1 600	37,00	59 200,00	642 400,00	30	60,39
7	3 000	18,00	54 000,00	696 400,00	35	65,47
8	1 200	44,00	52 800,00	749 200,00	40	70,43
9	200	243,00	48 600,00	797 800,00	45	75
10	6 500	5,00	32 500,00	830 300,00	50	78,06
11	15 000	2,00	30 000,00	860 300,00	55	80,88
12	200	150,00	30 000,00	890 300,00	60	83,7
13	4 000	7,00	28 000,00	918 300,00	65	86,33
14	1 000	28,00	28 000,00	946 300,00	70	88,96

(continua)

(Tabela 4.7 – conclusão)

Item	Demanda anual	Custo unit. (R$)	Valor de consumo (R$)	Valor acumulado (R$)	% dos itens	% valor acumulado
15	400	65,00	26 000,00	972 300,00	75	91,41
16	800	31,00	24 800,00	997 100,00	80	93,74
17	1 600	15,00	24 000,00	1 021 100,00	85	96
18	180	120,00	21 600,00	1 042 700,00	90	98,03
19	3 000	4,00	12 000,00	1 054 700,00	95	99,15
20	1 500	6,00	9 000,00	1 063 700,00	100	100

O método da curva ABC aplicado na gestão de estoques pode ser utilizado tanto para consumo, denominado *ABC de consumo* (saídas de estoque), quanto para classificação ABC dos itens em estoque, denominada *ABC de estoque*. O exemplo anterior refere-se à curva ABC de consumo.

A aplicação desse método nas empresas permite direcionar o princípio de administração por exceção, ou seja, separar os itens de estoque de maior valor econômico daqueles de menor valor. Para as empresas com centenas ou milhares de itens em estoque, essa ferramenta é fundamental, pois a classificação ABC é realizada nos próprios sistemas computadorizados de gestão e controle de estoques.

Síntese

Neste capítulo, apresentamos o modo pelo qual os estoques são valorizados ou contabilizados financeiramente. Uma das principais atividades da administração é minimizar o investimento em estoques e, ao mesmo tempo, manter os níveis de disponibilidade necessários para atender à demanda dos mercados. O grande desafio dos administradores é encontrar o equilíbrio financeiro dos custos de aquisição, manutenção e faltas de estoques. Tanto o sistema de valorização dos estoques quanto sua classificação pela curva ABC permitem atender a essa finalidade.

Indicações culturais

BERTAGLIA, P. R. **Logística e gerenciamento da cadeia de abastecimento.** São Paulo: Saraiva, 2003.

O autor apresenta o tema com exemplos de cálculos simples, que auxiliam na aprendizagem do leitor.

GONÇALVES, P. S. **Administração de materiais**: obtendo vantagens competitivas. 2. ed. Rio de Janeiro: Elsevier, 2007.

O autor trabalha muito bem o tema da valorização dos estoques e o método da curva ABC, com vários exercícios para serem resolvidos.

Atividades

1. A tabela a seguir apresenta um controle de entradas e saídas do estoque de uma fábrica que deseja fazer uma avaliação do custo desse setor:

Dia	Quant.	Preço unit. (R$)	Quant.	Preço unit. (R$)
1/3	10	140,00		
10/3	30	110,00		
30/3			20	

Utilizando-se os métodos de custo médio, PEPS (primeiro a entrar, primeiro a sair) e UEPS (último a entrar, primeiro a sair), o valor do estoque ao final da movimentação, em reais, será respectivamente:

a) 2 500,00; 2 350,00; 2 200,00.
b) 2 350,00; 2 500,00; 2 200,00.
c) 2 350,00; 2 200,00; 2 500,00.
d) 2 200,00; 2 500,00; 2 350,00.
e) 2 200,00; 2 350,00; 2 500,00.

2. O controle de estoque de um produto apresentou a seguinte movimentação em quatro meses: saldo inicial de 50 unidades, no valor de R$ 150,00. No primeiro mês, saíram 20 unidades; no segundo mês, entraram 10 unidades a um valor total de R$ 31,00 e saíram 20 unidades; no terceiro mês, saíram 20 unidades; e, no quarto mês, entraram 40 unidades a um valor total de R$ 128,00 e saíram 15 unidades. Determine:
   a) o giro de estoque, apresentando o cálculo correspondente.
   b) o valor do estoque no final do período, pelo cálculo do custo médio, do PEPS e do UEPS.

3. Classifique a movimentação dos estoques pela curva ABC (20%, 30% e 50%), calculando, respectivamente, os percentuais correspondentes sobre o valor total.

Item	Consumo anual	Preço unit. (R$)
1	55 000	1,80
2	16 500	9,60
3	100 000	12,60
4	66 500	2,40
5	83 000	0,60
6	65 000	16,30
7	55 000	0,90
8	50 000	1,50
9	78 000	3,00
10	33 500	2,40

4. Uma empresa deseja implementar o sistema de classificação ABC para diminuir os custos de estoque. A empresa tem um estoque com dez tipos de produtos. Os dados a seguir se referem às vendas desses itens no ano passado.

Item	Vendas (un.)	Custo unit. (R$)	Custo anual (R$)
P1	18 000	1,00	18 000,00
P2	4 000	2,10	8 400,00
P3	3 500	2,00	7 000,00
P4	5 000	3,00	15 000,00
P5	6 500	1,00	6 500,00
P6	200	10,00	2 000,00
P7	300	10,00	3 000,00
P8	2 000	1,00	2 000,00
P9	5 000	1,00	5 000,00
P10	3 000	2,00	6 000,00

Separando-se os itens em grupos A, B e C (20%, 30% e 50%) com base no custo anual em valores monetários, serão classificados como pertencentes à classe B os itens:

a) P1, P4 e P5.
b) P2, P3 e P5.
c) P4, P7 e P8.
d) P6, P7 e P10.
e) P9, P6 e P1.

5. Uma loja de ferragens deseja determinar, por meio da curva ABC, nas proporções 20/30/50, respectivamente, os itens de seu estoque sobre os quais deve existir maior controle. Para tal, ela

realizou uma pesquisa cujos dados resumidos são apresentados a seguir.

Item do estoque	Preço unitário (R$)	Consumo anual (unidades)
1	4,00	5 000
2	3,00	10 000
3	5,00	3 000
4	10,00	400
5	6,00	700
6	8,00	100
7	20,00	1 200
8	15,00	500
9	20,00	130
10	3,00	270

Utilizando-se o critério de ordenação do valor de consumo anual (preço unitário x consumo anual), os itens do estoque considerados Classe A e a porcentagem efetiva dessa classe no valor total do estoque, respectivamente, serão:

a) 1 e 2; 45,91%.
b) 1 e 7; 40,40%.
c) 2 e 7; 49,58%.
d) 1, 2 e 3; 59,68%.
e) 2 e 7; 59,68%.

(**5**)

Armazenagem

Armazenagem é o processo para manter os materiais guardados até que sejam solicitados. Pode envolver a guarda de pequenos produtos, como medicamentos de uma farmácia ou joias em uma joalheria, até grandes espaços em centros de distribuição destinados ao fornecimento de materiais a diversos clientes.

A administração de centros de distribuição, armazéns, depósitos ou almoxarifados influencia nos processos das atividades de recebimento, identificação, transporte e movimentação física dos materiais, armazenamento, controle e localização física dos materiais, expedição e fornecimento.

Por meio da formulação e da aplicação de regras ou normas específicas de armazenagem é que se processa uma estocagem correta. Nessa formulação, é preciso buscar soluções para minimizar o esforço individual, aperfeiçoar as operações internas expressas mediante melhor rendimento operacional com custos mínimos, bem como dar mais sentido de organização aos almoxarifados. A armazenagem de material deve atender a determinadas regras, cuja aplicação deve considerar não somente os aspectos internos e as peculiaridades de cada almoxarifado, mas também a natureza e o tipo dos materiais, cujas características, como tamanho, peso, forma, dimensão e uso, exigem, na maior parte das vezes, soluções individuais de estocagem.

Segundo Viana (2000), conhecer essas regras influi igualmente na determinação das instalações e das unidades de estocagem mais apropriadas para que a armazenagem seja adequada, de forma a preservar os materiais dos danos decorrentes das operações normais de movimentação, bem como em relação à disposição física, à localização e ao manuseio mais racionais dos itens, com mínimo esforço e máximo de economia. As normas de armazenagem, conforme Viana (2000), além de contribuírem para a redução de custos, permitem obter:

- redução das perdas por quebra;
- diminuição de acidentes no trabalho por dispensar o elemento humano na movimentação de cargas pesadas;
- menor tempo gasto nas movimentações e nas expedições;
- ampliação, com melhor aproveitamento, de área útil de armazenagem.

Por outro lado, por meio dos critérios de armazenagem, busca-se também aumentar a eficiência do processo de estocagem, traduzindo em expressões máximas seu rendimento e em expressões mínimas seus custos. O objetivo, portanto, é alcançar uma conscientização geral para realizar as atividades de armazenagem de acordo com técnicas adequadas, e não simplesmente por métodos intuitivos e empíricos, que nem sempre acarretarão os melhores resultados.

(5.1) Funções da armazenagem e classificação dos armazéns

Gonçalves (2007) elenca as principais funções da armazenagem:

- recebimento dos materiais, que inclui a recepção, as conferências física e de valor, conforme o pedido ou a compra, e o desembarque ou descarregamento dos materiais transportados;
- movimentação física dos materiais, que abrange desde o descarregamento até a área da armazenagem e desta até a expedição e o carregamento;
- estocagem dos materiais, que trata das técnicas e dos procedimentos de armazenagem;
- expedição dos materiais, que realiza o carregamento e o despacho da carga, conforme os pedidos dos clientes;
- consolidação das cargas para a expedição;
- carregamento e embarque dos materiais a serem expedidos nos veículos de transporte;
- operação de um sistema de informação, por meio do lançamento dos registros dos recebimentos e das expedições dos materiais com quantidades e valores correspondentes.

Lampert e Stock, citados por Gonçalves (2007), classificam os armazéns em três categorias, em função da oferta física dos materiais. Os ARMAZÉNS DESTINADOS A APOIAR AS OPERAÇÕES DE MANUFATURA são aqueles que recebem matérias-primas, componentes e peças de fornecedores, suprimentos diversos, ferramentas, material de embalagem, enfim, todos os materiais para suprir e apoiar as operações de uma fábrica.

Há também os ARMAZÉNS COMPOSTOS, ou seja, aqueles que, além de estocarem matérias-primas e componentes de vários fornecedores para suprir a produção, armazenam produtos acabados e peças sobressalentes e de manutenção destinados à venda e à distribuição aos clientes.

Por fim, existem os ARMAZÉNS DE CONSOLIDAÇÃO, que são usados para reunir a expedição de vários produtos recebidos de vários fornecedores, cujas cargas são combinadas de acordo com as exigências dos clientes — operação conhecida como *cross-docking*. Esse tipo de armazém é utilizado também para operações de *picking*, que atendem a quantidades fracionadas de materiais requisitados pelos clientes.

Operação de cross-docking

O *cross-docking* requer grande exatidão quanto ao tempo de entrada e saída dos produtos do armazém. É uma operação do sistema de distribuição em que os produtos são recebidos no armazém, selecionados e encaminhados para outro veículo. Existem três níveis de *cross-docking*, de acordo com Ching (2001).

O NÍVEL 1 é o do *cross-docking* paletizado, no qual os produtos chegam de várias fábricas ou fornecedores e vão para outro veículo destinado diretamente ao cliente, sem outra seleção ou preparação.

O NÍVEL 2 é o *cross-docking* com separação, no qual os produtos são recebidos, separados e consolidados por caixas para serem enviados a uma região geográfica específica.

O NÍVEL 3 é o *cross-docking* com separação e reembalagem, no qual os produtos são recebidos de diversos fornecedores e fabricantes e reembalados para serem distribuídos a seus mercados.

A Figura 5.1 apresenta um esquema referente ao *cross-docking* dos níveis 1 e 2.

Figura 5.1 – Cross-docking *com separação e consolidação de cargas*

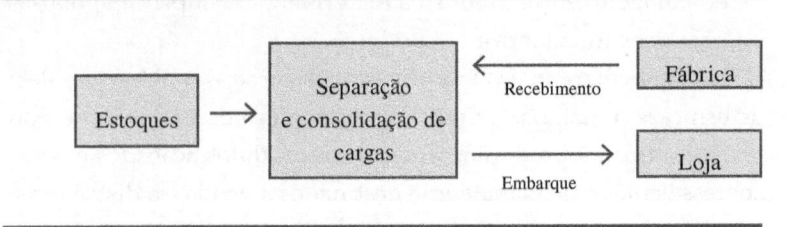

FONTE: ADAPTADO DE CHING, 2001, P. 157.

A Figura 5.2 apresenta a vista interna de um armazém com o sistema de transporte por empilhadeira, que permite instalar e remover paletes das prateleiras das estantes. A Figura 5.3 mostra uma empilhadeira colocando um palete no porta-palete de um armazém.

Figura 5.2 – Vista interna de um armazém

Figura 5.3 – Empilhadeira colocando palete na estante (porta-palete)

Podemos perceber pelas Figuras 5.2 e 5.3 que o transporte e a alocação de materiais embalados e postos em paletes são facilitados pelo uso da empilhadeira.

(5.2) Projeto de armazenagem

Gonçalves (2007) recomenda a observação de uma série de fatores para elaborar um perfeito projeto de armazenagem, com o fim de reduzir custos de movimentação dos materiais e maximizar a acessibilidade e a segurança. Os principais fatores são:

- volume e peso do material;
- acondicionamento e embalagem;
- frequência e movimentação;
- rotatividade dos materiais;
- valor do material;
- carga unitária;
- sequência de entrada e saída;
- similaridade dos materiais.

A seguir, detalharemos os motivos associados à identificação de cada um desses fatores.

Volume e peso do material

Os itens volumosos ou muito pesados devem ser estocados em áreas próximas à saída do armazém, o que reduz os custos de movimentação e agiliza o processo de fornecimento do material quando requisitado. Esses materiais ou a carga unitária devem, ainda, ser colocados sobre estrados (paletes) para facilitar o uso de equipamento de manuseio próprio. O ideal é armazená-los de tal forma que o acesso e a movimentação sejam fáceis e com o mínimo custo operacional de utilização de equipamentos e mão de obra, permitindo, assim, que a remoção para a área de expedição se processe sem grandes esforços e dificuldades. Independentemente dos aspectos de localização, acesso e movimentação, é necessário certificar-se, na estocagem dos itens ou das cargas unitárias pesadas, de que o piso sobre o qual serão depositados os materiais tem capacidade de carga ou resistência suficiente para suportar seu peso com o passar do tempo.

Acondicionamento e embalagem

Um armazém de alto giro de estoque deve passar por um estudo completo para o processo de acondicionamento e embalagem dos materiais, no sentido de viabilizar que a movimentação e o fornecimento sejam em cargas fechadas, ou seja, unitizadas ou paletizadas.

Frequência de movimentação e rotatividade dos materiais

A demanda dos materiais varia em função da maior ou menor procura dos usuários. Essa procura é que determina a frequência de movimentação e a rotatividade de um material em relação aos demais, fatores que definirão a posição mais adequada dos materiais no armazém. Em geral, as saídas dos materiais de estoque ocorrem mais vezes que suas entradas. Portanto, é fundamental observar esse aspecto e concentrar, assim, os itens cuja periodicidade de saídas e entradas é mais frequente e regular em áreas mais próximas do setor de expedição e recebimento. Em almoxarifados de pequeno porte ou que apresentam pouca movimentação ou baixa rotatividade, não há tanta preocupação quanto à proximidade dos materiais em relação à área de recebimento e expedição.

Valor do material

O valor do material torna-se relevante quando é expressivo. Nesse caso, devem-se evitar meios que promovam perda, extravios, avarias e furtos. Por exemplo, joias caras devem ser guardadas em joalherias ou em cofres com segredo aos quais pouquíssimos funcionários têm acesso; remédios caros, vendidos em farmácias, devem ser guardados em salas ou armários trancados.

Carga unitária

Frequentemente, em qualquer movimentação, o carregamento e o posicionamento das cargas são os principais fatores de custo. Por essa razão, torna-se necessário facilitar ao máximo essas operações, o que pode ser obtido por meio da arrumação dos materiais sob a forma de cargas unitárias. Quando se manipulam pacotes ou caixas, é recomendável movimentá-los em conjunto. Dessa maneira, cria-se uma carga unitizada, que permanece assim constituída do início ao fim da movimentação, reduzindo-se consideravelmente o número de carregamentos, posicionamentos e deslocamentos. Essas cargas unitárias devem ser formadas com o maior tamanho e peso possíveis e devem, evidentemente, ser compatíveis com a capacidade dos meios de movimentação empregados. É importante também formar cargas unitizadas que possam ser empilhadas. O princípio da carga unitária rege a constante necessidade de racionalização do espaço útil de armazenagem com o máximo aproveitamento do conceito de *cubagem*; a utilização mais racional da mão de obra; e a otimização e economia em relação ao transporte e à movimentação. Na prática, a utilização de cargas unitárias na estocagem gera menores custos de manutenção do inventário, além de propiciar os seguintes benefícios:

- *minimização do custo homem-hora;*
- *rapidez de estocagem;*
- *racionalização do espaço de armazenagem, com melhor aproveitamento vertical da área de estocagem;*
- *diminuição das operações de movimentação, tornando-as menos frequentes;*
- *melhor aproveitamento dos equipamentos de movimentação.*
  (Gonçalves, 2007, p. 307)

Assim, utilizar cargas unitárias na estocagem ajuda a reduzir custos e facilita o carregamento e o transporte.

Ordem de entrada/saída

Existem alguns materiais que devem obedecer a uma ordem cronológica de saída do estoque em função de sua data de entrada, para evitar que se deteriorem, fiquem obsoletos ou percam determinadas propriedades físicas e químicas. Esse cuidado se aplica principalmente nas indústrias de alimentos resfriados e farmacêutica, cujos produtos apresentam, na maioria das vezes, prazos de validade. Portanto, os produtos cujo prazo de validade está para expirar devem sair primeiro que os outros de maior prazo. O método PEPS (primeiro a entrar, primeiro a sair) é o mais indicado nesses casos, pois, assim, a movimentação no armazém ou no estoque acontece em uma ordem cronológica de saída em função da entrada dos produtos.

Similaridade

É recomendável armazenar os materiais pela sua semelhança ou tipo de família. Em um estoque de autopeças para automóveis, por exemplo, as peças de reposição podem ser agrupadas pelo seu sistema predominante – peças do motor em determinada área; peças da suspensão em outra área e assim por diante. Isso já não ocorre nos estoques de farmácias, nos quais os medicamentos são agrupados por ordem alfabética, e não pelo gênero.

(5.3) Layout do armazém

O *layout* de um armazém deve contemplar o dimensionamento adequado das áreas de recebimento, como corredores e expedição, considerando-se o fluxo, o volume dos materiais e a forma como são estocados. Deve comportar, ainda, todos os equipamentos adequados para garantir a segurança dos funcionários responsáveis, bem como dos materiais e dos equipamentos de movimentação. Um bom *layout* auxilia na execução do trabalho, reduz custos, racionaliza espaços, possibilita rápida localização e identificação dos materiais e facilita a movimentação, colocação e retirada dos materiais das prateleiras ou do porta-paletes. Indica-se que a área de um armazém seja de aproximadamente 60% para a estocagem e movimentação, 30% para as áreas de recebimento e expedição e 10% para a área administrativa. As áreas de estocagem devem ser dimensionadas pelo estoque máximo previsto para cada tipo de material.

Síntese

Armazéns, depósitos ou *centrais de distribuição* são sinônimos usados para designar o elo que une a produção ao consumidor ou o fornecedor ao consumidor. Portanto, esse elo executa um papel importante na administração de materiais e estoques. Como abordamos neste capítulo, o armazenamento adequado e bem posicionado aumenta a eficiência da movimentação dos materiais e melhora o tipo de serviço ao cliente, segundo regras e normas predeterminadas. A armazenagem deve ser integrada com as necessidades da empresa e do mercado e, ao mesmo tempo, estar disponível sob a forma que facilite o manuseio, a movimentação e a distribuição dos materiais aos seus pontos de uso ou de consumo.

Indicações culturais

CHING, H. Y. **Gestão de estoques na cadeia de logística integrada**: supply chain. 2. ed. São Paulo: Atlas, 2001.

O autor apresenta o tema da armazenagem sob uma forma integrada entre a produção e o consumo.

GONÇALVES, P. S. **Administração de materiais**: obtendo vantagens competitivas. 2. ed. Rio de Janeiro: Elsevier, 2007.

A obra aborda a armazenagem correlacionada com a movimentação e o transporte de materiais e seu sistema de codificação.

MOURA, R. A. **Manual de logística**: armazenagem e distribuição física. São Paulo: Imam, 1997. v. 2.

O autor detalha, em profundidade, o tema da armazenagem e distribuição física.

Atividades

1. Quais são os fatores que influem na redução de custos e no aumento da produtividade na armazenagem?

2. Quais são as funções da gestão de armazéns?

3. Como você aplicaria as normas de armazenagem em uma farmácia e em uma loja de peças de veículos?

4. Quando se aplicam operações de *cross-docking* em armazéns?

5. Quais são as informações necessárias para elaborar um projeto de *layout* de armazém?

(6)

Acondicionamento e movimentação de materiais

O acondicionamento e a embalagem exigem soluções individuais em função da natureza e das características dos materiais, como seu estado físico (sólido, líquido ou gasoso), seu volume (tamanho, dimensão) e seu peso.

Os estudos e as soluções de acondicionamento e de embalagem de materiais devem levar em conta os seguintes objetivos:

- reduzir perdas por quebras;
- evitar acidentes na movimentação;
- diminuir o tempo de movimentação e expedição;
- melhorar o aproveitamento da área útil de armazenagem;
- facilitar o inventário e a movimentação dos materiais.

A definição de *embalagem* tem dois enfoques. O primeiro, na visão do *marketing*, toma a embalagem como meio de apresentar o produto para gerar a venda – uma boa embalagem é capaz de vender o produto por si só. O segundo enfoque diz respeito à distribuição e ao transporte do produto com o objetivo maior de protegê-lo durante a movimentação, a estocagem e o transporte.

(6.1) Classificação das embalagens

As embalagens servem como proteção, apresentação e conservação dos produtos. Elas podem ser classificadas, de acordo com sua função, em cinco níveis, segundo Moura e Banzato (1997, p. 12):

- *Embalagem primária: é a embalagem que contém o produto, ou seja, consiste na embalagem individual do produto.*
- *Embalagem secundária: acondiciona várias embalagens primárias, como, por exemplo, caixas com várias embalagens individuais.*
- *Embalagem terciária: acondiciona várias embalagens secundárias, como cargas paletizadas.*
- *Embalagem quaternária: acondiciona várias embalagens terciárias, como paletes empilhados, por exemplo.*
- *Embalagem de quinto nível: acondiciona várias quaternárias, como, por exemplo, contêineres.*

Os primeiros dois níveis de embalagem são utilizados para consumo e estocagem; os três últimos níveis, para estocagem, distribuição e transporte dos produtos.

De acordo com a finalidade, as embalagens podem servir para:

- contenção;
- proteção;
- comunicação;
- utilidade.

Desse modo, as embalagens não só acondicionam o produto, mas têm outras funções também importantes no que diz respeito à estocagem, à distribuição e ao transporte.

(6.2) Principais tipos de embalagens

A escolha do tipo de embalagem se baseia, fundamentalmente, nas necessidades do produto quanto à contenção, à segurança, ao aspecto visual, à conservação das propriedades físicas e químicas e à forma de estocagem, movimentação e distribuição até o consumidor final. Existem seis grandes categorias de materiais empregados em embalagens: papel-cartão, vidro, metal, plástico, madeira e tambor. A seguir, apresentamos cada uma dessas categorias, segundo Moura e Banzato (1997):

1. PAPEL-CARTÃO: é o material mais econômico e versátil. O baixo custo, a facilidade de processamento e o pouco peso tornam esse material o mais amplamente usado na moderna indústria de embalagens. Suas vantagens são a leveza, a rapidez de fechamento e selagem, a facilidade para imprimir as instruções, a marca do produto etc., bem como a vedação total da poeira e o baixo custo de fabricação, principalmente em grande escala. A resistência mecânica desse material está diretamente relacionada ao número de camadas onduladas na espessura do papelão.

2. VIDRO: é uma embalagem de baixo custo, higiênica, atraente e resistente ao tempo, ao calor, a ácidos e a álcalis. Uma embalagem de vidro bem vedada garante proteção total a qualquer agente externo, com exceção da luz. A desvantagem da embalagem de vidro é a despesa de transporte no retorno, o peso elevado e a fragilidade.

3. METAL: o tipo mais comum é a lata de folha de flandres, que resiste a altas temperaturas, permitindo esterilização do produto e conservação a vácuo. O formato cilíndrico com extremidade plana é o mais empregado, em razão da facilidade do manuseio, da melhor resistência à pressão e da maior eficiência para enchimento, fechamento e rotulagem. Esse tipo de embalagem oferece a vantagem de resistência a golpes, choques e corrosão, além da impermeabilidade propiciada pelo fechamento hermético. O maior uso ocorre nas indústrias alimentícia e petroquímica,

bem como no acondicionamento de tintas, combustíveis, graxas, ceras etc.

4. PLÁSTICO: pode ser fabricado em polietileno de alta densidade, polipropileno e PVC. A vantagem do plástico é o baixo custo, a boa rigidez e a resistência. O plástico é atóxico, resistente a óleos e produtos químicos, com baixo índice de transmissão de vapor de água, média permeabilidade a gases e alta resistência térmica e à abrasão.
5. MADEIRA: apresenta como vantagens a resistência e a maior proteção do produto. Por outro lado, seu custo é superior ao da embalagem de papelão.
6. TAMBOR: utilizado para produtos líquidos, sólidos e granulados.

Como visto, a embalagem não só é importante para o produto como pode se diferenciar de acordo com o tipo de material de que é feita. Observar esse aspecto pode garantir o atendimento às necessidades que o produto apresenta.

(6.3) Otimização do formato das caixas de papelão

A matéria-prima utilizada na confecção de uma caixa de papelão contribui, em média, com 60% de seu custo final, considerando-se que, para o mesmo volume cúbico interno, pode haver diversas dimensões externas de caixa e, consequentemente, diversas áreas (superfícies) de papelão ondulado. Entretanto, existe uma única condição para que determinado volume seja embalado: obter a menor superfície para compor a dimensão final da caixa. A relação ideal que minimiza a superfície de papelão necessária é fornecida pela seguinte fórmula:

$$C = A = 2L$$

A Figura 6.1 traz um exemplo das dimensões de uma embalagem de papelão.

Figura 6.1 – Vista plana de uma embalagem cúbica de dimensões C · L · A

```
      C     L     C     L
   ←→ ←→ ←→ ←→
   ┌─────┬─────┬─────┬─────┐  ↑  L/2
   │     │     │     │     │  A
   └─────┴─────┴─────┴─────┘  ↓  L/2
```

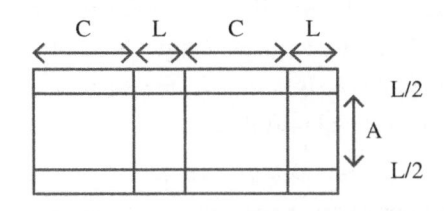

FONTE: ADAPTADO DE MOURA; BANZATO, 1997, P. 121.

A área de papelão que formará a caixa é dada pela seguinte equação:

$$S = 2(L+C) \cdot (L+A)$$

O volume da embalagem é dado por:

$$V = L \cdot A \cdot C \text{ ou } A = \frac{V}{L \cdot C}$$

Derivando a equação S da superfície em relação ao comprimento e igualando a zero para obter o mínimo da equação, obtém-se: C = A.

Agora, derivando a equação S da superfície em relação à largura e igualando a zero para obter o mínimo da equação, obtém-se: C = 2L.

Substituindo, então, os valores de C e A por 2L na equação do volume, obtém-se: $V = 4L^3$.

Portanto, se determinado volume (V) conhecido, é possível definir o tamanho da caixa que minimize sua superfície, chegando-se ao valor de L como a raiz cúbica do volume dividido por quatro e aos valores de C e A como o dobro do valor de L.

A seguir, apresentamos um exemplo de cálculo para dimensionar uma embalagem que necessite da menor quantidade de material para acondicionar 1 litro de qualquer líquido.

Como o volume (V) é de 1 litro, que é igual a 1 dm³ ou 1 000 cm³, temos que o valor da largura da caixa será a raiz cúbica de 250 (1 000 divididos por 4). Portanto, L = 6,2996 cm. Os valores da altura (A) e do comprimento (C) serão iguais a 2L, ou seja, iguais a 12,5992 cm, como podemos observar na Figura 6.2.

Figura 6.2 – Embalagem cúbica de dimensões C · L · A

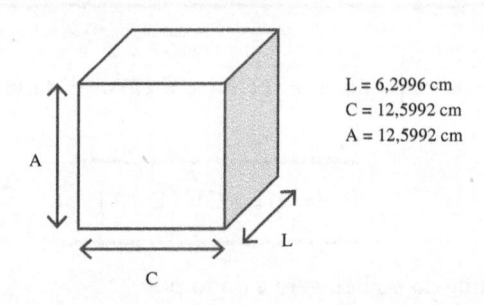

L = 6,2996 cm
C = 12,5992 cm
A = 12,5992 cm

Fonte: Adaptado de Moura; Banzato, 1997, p. 121.

A embalagem com as dimensões apresentadas na Figura 6.2 utilizará a menor quantidade (superfície) de material. A Tabela 6.1 mostra algumas dimensões possíveis para acondicionar 1 litro (1 000 cm³) e os respectivos cálculos de material (área) necessário. A alternativa de dimensões L, A e C que fornece o menor cálculo de superfície é a primeira com os valores encontrados pelas fórmulas.

Tabela 6.1 – Valores de superfícies para acondicionar 1 litro (1 000 cm³) em caixa

Dimensões da caixa (cm)				
Largura	Altura	Comprimento	Volume (cm³)	Superfície (cm²)
6,30	12,60	12,60	1 000,00	714,33
7,00	4,00	35,71	1 000,00	939,71
6,00	10,00	16,67	1 000,00	725,33
6,50	12,00	12,82	1 000,00	714,86
5,00	15,00	13,33	1 000,00	733,33
8,00	12,00	10,42	1 000,00	736,67

Na prática, o método de dimensionamento de embalagens de papelão com formato cúbico, que minimiza a quantidade de material necessário para determinado volume, é realizado como um ponto de partida. Outros fatores devem ser considerados na definição final da embalagem, como verificar se ela terá resistência suficiente para resistir a esforços de movimentação, manuseio e estocagem e também se haverá um bom aproveitamento da carga unitizada da embalagem e da área de estocagem.

(6.4) Unidades de estocagem

Unidade de estocagem é a denominação dada ao conjunto de estantes, engradados etc. destinado à estocagem dos materiais no almoxarifado. O dimensionamento das unidades de estocagem deve levar em conta o *layout* do almoxarifado, suas dimensões, sua altura, a localização das vias de acesso, as características físicas (tamanho e peso) e a rotatividade dos materiais, bem como os equipamentos de manuseio e movimentação necessários para áreas de circulação.

Francischini e Gurgel (2002) elencam as unidades de estocagem mais usuais:

- PALETES: são plataformas com aberturas na base que permitem a inserção dos garfos de uma empilhadeira na qual são colocados os materiais a serem transportados e estocados. Os paletes podem ser de madeira, aço ou plástico. Suas dimensões são padronizadas internacionalmente e as mais utilizadas são: 0,80 m × 1,00 m; 1,00 m × 1,00 m; 1,00 m × 1,20 m; 1,20 m × 1,20 m.

Figura 6.3 – Palete

elgusser/Shutterstock

- RACKS: são paletes especiais, dotados de colunas metálicas e travessas para dar maior estabilidade à carga, permitindo o empilhamento sem danificar a mercadoria.
- GAIOLAS: são *racks* com telas metálicas nas laterais, o que estabiliza as cargas de forma mais segura.
- ARMAÇÕES COM PRATELEIRAS: são estantes metálicas construídas na vertical, entrelaçadas com pisos e suportadas pela própria estrutura. Podem incluir elevadores ou escadas de acesso.

Apresentam alta densidade de estocagem para peças pequenas, como é possível observar na Figura 6.4.

Figura 6.4 – *Armações com prateleiras*

- **ESTRUTURAS PORTA-PALETES:** são estruturas reforçadas, constituídas por montantes laterais parafusados ligados entre si por pares de vigas reguláveis na altura, com garras de encaixe. São destinadas para suportar cargas unitizadas ou paletizadas, como na Figura 6.5.

Figura 6.5 – *Estruturas porta-paletes*

- **CONTENEDORES:** são recipientes de tamanhos diversos e com grande variedade de modelos e categorias, destinados ao acondicionamento de peças e cargas soltas. Caixas industriais, engradados abertos, engradados fechados e caixas plásticas são exemplos de contenedores.

- **CONTÊINERES:** são estruturas metálicas fechadas de grandes dimensões usadas para acomodar materiais. São muito utilizados quando há troca de modais de transporte (rodoviário, marítimo, ferroviário) no percurso entre fornecedor e cliente. Também podem ser refrigerados para transportar produtos que necessitam ser conservados sob baixas temperaturas.

Figura 6.6 – *Contêineres para transporte de materiais sólidos, líquidos e gasosos*

A Tabela 6.2 apresenta os tipos, as dimensões e a capacidade de alguns modelos de contêineres.

Tabela 6.2 – *Dimensões de contêineres*

CONTÊINER (PÉS)	DIMENSÕES L · A · C (M)	CAPACIDADE DE CARGA (KG)
10	2,30 × 2,20 × 3,00	9 000
20	2,30 × 2,20 × 6,00	18 000
30	2,30 × 2,20 × 9,00	23 000
40	2,30 × 2,20 × 12,00	27 000

FONTE: ADAPTADO DE MOURA; BANZATO, 1997, P. 233.

As unidades de estocagem são muitas e devem ser dimensionadas da forma mais econômica a fim de facilitar a movimentação, a segurança e a estocagem dos materiais em função de suas características.

(6.5) Normas para movimentação de materiais

Para manter um sistema de movimentação de materiais eficaz, existem certas regras que devem ser consideradas, de acordo com Dias (1993):

- OBEDECER AO FLUXO DAS OPERAÇÕES: dispor a trajetória dos materiais de forma que observe a sequência das operações, tanto de produção quanto de atendimento.
- MINIMIZAR AS DISTÂNCIAS: reduzir ao máximo as distâncias e os transportes – procedimento de vital importância para produtos volumosos ou pesados.
- MINIMIZAR A MANIPULAÇÃO: reduzir a frequência do transporte manual. O transporte mecânico custa menos que as operações de carga e descarga, levantamento e armazenamento.
- SEGURANÇA: observar sempre os aspectos de segurança dos operadores, do transporte e do manuseio de materiais.
- PADRONIZAÇÃO E FLEXIBILIDADE: utilizar, ao máximo, equipamentos de transporte padronizados e que possibilitem o transporte e o manuseio de vários tipos de materiais.
- MÁXIMA UTILIZAÇÃO DO ESPAÇO DISPONÍVEL: sempre que possível, usar o espaço aéreo mediante o emprego de pontes rolantes.
- MÁXIMA UTILIZAÇÃO DA GRAVIDADE: quando viável, utilizar a gravidade para transportar materiais, pois é a alternativa que apresenta o menor custo.
- MENOR CUSTO TOTAL: selecionar apropriadamente os equipamentos na base dos custos totais, e não somente na base do custo inicial mais baixo.

Qualquer projeto de movimentação de materiais deve ser analisado considerando-se todos esses aspectos em consonância com o *layout* da fábrica e do armazém, a fim de se encontrarem soluções mais econômicas, seguras e eficazes para as necessidades de transferência e movimentação dos materiais.

(6.6) Equipamentos de movimentação

Os equipamentos de movimentação de materiais obedecem a uma classificação em função das características do que será transportado. Dias (1993) apresenta os principais equipamentos de movimentação de materiais:

- GUINDASTES, TALHAS E ELEVADORES: guindastes fixos e móveis, pontes rolantes, talhas, guinchos, monovias, elevadores etc. Vejamos um exemplo na Figura 6.7.

Figura 6.7 – Exemplo de equipamento de movimentação

- TRANSPORTADORES: correias, esteiras, correntes, fitas metálicas, roletes, rodízios, roscas e vibratórios. A Figura 6.8 apresenta um exemplo de transportador.

Figura 6.8 – Transporte por esteira mecanizada

- **Veículos industriais:** carrinhos de todos os tipos, empilhadeiras, tratores, caminhões, furgões, reboques especiais etc. Na Figura 6.9 constam alguns exemplos.

Figura 6.9 – Exemplos de veículos industriais

- **Contêineres e estruturas de suporte:** vasos, tanques, plataformas, estrados, contêineres de 10, 20, 30 e 40 pés. Um exemplo de contêiner já foi apresentado na Figura 6.6.

Os equipamentos de movimentação de materiais devem ser selecionados com base em um planejamento geral do fluxo e da movimentação dos materiais, com o objetivo de que os investimentos sejam os mais adequados para atender às necessidades da empresa.

Síntese

Como demonstramos neste capítulo, as embalagens e os equipamentos de movimentação de materiais são fatores importantes na administração de materiais e na armazenagem de produtos. Para a definição das aplicações e soluções mais adequadas para cada caso de embalagem, sempre devem ser consideradas as características físicas e químicas dos materiais e de seus fluxos, bem como a necessidade de escolher a embalagem e os meios de transporte e movimentação mais seguros com o menor custo operacional possível.

Indicações culturais

DIAS, M. A. P. **Administração de materiais**: uma abordagem logística. 4. ed. São Paulo: Atlas, 1993.

O autor trata de forma bastante minuciosa o tema das embalagens e da movimentação de materiais.

FRANCISCHINI, P. G.; GURGEL, F. A. **Administração de materiais e patrimônio**. São Paulo: Pioneira Thomson, 2002.

A obra apresenta em detalhes todos os equipamentos de movimentação de materiais, suas características e aplicações.

MOURA, R. A. **Manual de logística**: equipamentos de movimentação e armazenagem. 5. ed. São Paulo: Imam, 2000. v. 4.

Moura detalha com figuras e explicações todos os tipos de veículos industriais, equipamentos de elevação e transferência, transportadores contínuos, embalagens, recipientes, unitizadores e estruturas para estocagem.

MOURA, R. A.; BANZATO, J. M. **Manual de logística**: embalagem, unitização e conteinerização. 2. ed. São Paulo: Imam, 1997. v. 3.

Os autores abordam todos os tipos de embalagens, a movimentação de materiais e suas características.

Atividades

1. Quais são os principais objetivos das embalagens de materiais sob o enfoque logístico?

2. Quais são os fatores que influem na redução de custos e no aumento da produtividade das áreas de armazenamento e dos meios de movimentação de materiais?

3. Uma empresa de sucos embala seus produtos em embalagens de papelão de 1 litro, com as seguintes dimensões externas: largura = 65 mm; comprimento = 100 mm; altura = 165 mm. A embalagem secundária apresenta as seguintes medidas externas: largura = 205 mm; comprimento = 395 mm; altura = 170 mm. Pergunta-se:

   a) Quantas embalagens primárias cabem em uma embalagem secundária?
   b) Quantas embalagens secundárias cabem em um palete de base 1 100 mm × 1 100mm e altura de 1 100 mm?
   c) Quantos paletes cabem em um contêiner de 40 pés, cujas dimensões internas são: largura = 2,30 m; altura = 2,20 m; comprimento = 11,80 m?

4. Uma madeireira usa empilhadeiras para transportar madeira da serraria até o armazém de estocagem, situado a 300 metros de distância. A empilhadeira pode levar três paletes por viagem a uma velocidade média de 6 quilômetros por hora, incluindo o tempo de carga e descarga. Quantas empilhadeiras serão necessárias para deslocar 420 paletes, que correspondem à produção da serraria durante um período de 8 horas?

5. Quais são os fatores que influem na redução de custos e no aumento da produtividade dos meios de transporte e movimentação de materiais?

(**7**)

Identificação, endereçamento
e inventário de materiais

A classificação dos materiais visa estabelecer a identificação, de forma inequívoca, de cada item de material da empresa, além de criar a codificação, o cadastramento e a catalogação de todos os seus materiais e produtos, no intuito de simplificar os controles, facilitar os procedimentos e dar apoio às atividades de identificação, distribuição, gestão de estoques e controle na cadeia logística ou de suprimentos dos materiais e produtos.

(7.1) Identificação

A identificação busca estabelecer a identidade do material e/ou produto por meio da especificação de suas características. As principais informações que identificam um material ou um produto, ainda que não se deva ficar limitado a elas, são: descrição do material; quantidade; medidas; voltagem; potência; tipo de material ou produto; normas técnicas; referências comerciais; cor; aplicação do material; nome do fabricante.

(7.2) Codificação

Identificado o material, é feita sua codificação, consistente em atribuir um código ao material ou produto que represente seus elementos identificadores e que o diferencie. Um sistema de codificação utilizado pela maioria das empresas é o norte-americano denominado *Federal Supply Classification*.

Figura 7.1 – Sistema de codificação Federal Supply Classification

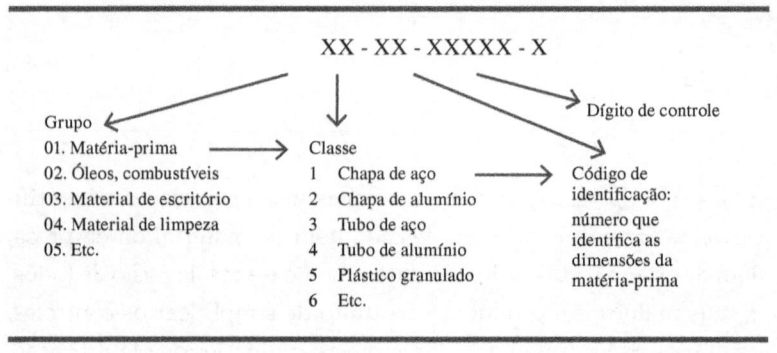

XX - XX - XXXXX - X

Grupo
01. Matéria-prima
02. Óleos, combustíveis
03. Material de escritório
04. Material de limpeza
05. Etc.

Classe
1 Chapa de aço
2 Chapa de alumínio
3 Tubo de aço
4 Tubo de alumínio
5 Plástico granulado
6 Etc.

Dígito de controle

Código de identificação: número que identifica as dimensões da matéria-prima

Fonte: Adaptado de Dias, 1993, p. 190.

A codificação do material tem papel importante para diferenciá-lo de outros e ajudar na gestão de estoques.

(7.3) Cadastramento

O cadastramento é a etapa que sucede a identificação e codificação e consiste em registrar em um banco de dados o código dos materiais e dos produtos pelo qual estes serão conhecidos na empresa. Também inclui unidade de controle, carga unitária, fornecedores, código dos fornecedores e outras informações que se julgam necessárias nessa fase.

(7.4) Catalogação

A catalogação é a última fase do processo de classificação de materiais e consiste em ordenar, de forma lógica, todo um conjunto de dados sobre os itens identificados, codificados e cadastrados, de modo a facilitar sua consulta pelas diversas áreas da empresa e pelos clientes. São os principais objetivos da catalogação:

- fazer com que o usuário saiba, com certeza, o item que deseja requisitar ou utilizar;
- ajudar o setor de compras a obter corretamente os materiais;
- evitar a catalogação de um mesmo material com códigos diferentes;
- localizar facilmente os materiais em estoque e ajudar nas conferências de inventário.

A catalogação, portanto, não apenas organiza todos os dados sobre um material, mas também auxilia nas tarefas de diversas áreas da empresa e na consulta pelo cliente.

(7.5) Código de barras

O código de barras revolucionou e simplificou enormemente as operações. Ele surgiu como uma evolução no sistema de codificação em decorrência do desenvolvimento da tecnologia relativa ao reconhecimento óptico de caracteres. Esses números de identificação exclusivos podem ser representados por símbolos de código de barras, o que possibilita a captura precisa de dados (com baixo custo), fornecendo, desse modo, as informações necessárias em todos os pontos da cadeia de suprimentos.

O código de barras é constituído por uma série de linhas e de espaços de larguras diferentes e permite identificar produtos por meio de um leitor óptico. Existem dois padrões reconhecidos oficialmente: *Universal Product Code* (UPC), nos Estados Unidos e Canadá, e o *European Article Numbering* (EAN), nos países europeus.

O Brasil adotou o padrão de código de barras do sistema EAN e é supervisionado pela Associação Brasileira de Automação Comercial – EAN Brasil, criada pelo Decreto n. 90.595/1984 e pela Portaria n. 143/1984 do Ministério da Indústria, Comércio Exterior e Serviços (MDIC).

Conforme o GS1 Brasil (2006, citado por Sobral, 2007, p. 7),

Um dos conceitos principais do sistema EAN.UCC [European Article Numbering – Uniform Code Council] é que para qualquer item (produto ou serviço) para o qual haja necessidade de se recuperar informações predefinidas e que possa ser custeado, pedido ou faturado em qualquer ponto da cadeia de suprimento, pode ser alocado um número de identificação exclusivo – o número global de item comercial, ou GTIN (Global Trade Item Number). Um GTIN pode ser construído usando quatro estruturas de numeração [ver Quadro 7.1], dependendo da aplicação exata e da simbologia de código de barras a serem usadas. No entanto, nos bancos de dados, todos os GTIN são exclusivos e não ambíguos quando justificados à direita em um campo de 14 dígitos.

Tabela 7.1 – Estruturas de numeração pelo sistema EAN/UCC – GTIN

Estruturas de numeração	Qtd. de dígitos	Número Global de Item Comercial (GTIN) com 14 dígitos													
		T_1	T_2	T_3	T_4	T_5	T_6	T_7	T_8	T_9	T_{10}	T_{11}	T_{12}	T_{13}	T_{14}
EAN/UCC-14		N_1	N_2	N_3	N_4	N_5	N_6	N_7	N_8	N_9	N_{10}	N_{11}	N_{12}	N_{13}	N_{14}
EAN/UCC-13		0	N_1	N_2	N_3	N_4	N_5	N_6	N_7	N_8	N_9	N_{10}	N_{11}	N_{12}	N_{13}
UCC-12		0	0	N_1	N_2	N_3	N_4	N_5	N_6	N_7	N_8	N_9	N_{10}	N_{11}	N_{12}
EAN/UCC-8		0	0	0	0	0	0	N_1	N_2	N_3	N_4	N_5	N_6	N_7	N_8

Fonte: Adaptado de EAN Brasil, 2017, p. 28.

O código de barras ajuda muito nas operações de uma empresa no dia a dia, por meio do fornecimento preciso de informações necessárias aos pontos da cadeia de suprimentos.

Itens comerciais

Como mencionamos, os itens comerciais (produtos ou serviços) que possam ser precificados, pedidos ou faturados em qualquer ponto da cadeia de suprimentos recebem um identificador, o GTIN, que recupera as informações predefinidas para aquele produto.

O GTIN EAN/UCC abrange quatro modalidades de numeração padronizadas pela EAN/UCC, cada uma com aplicação específica, a saber:

- NUMERAÇÃO EAN/UCC-13: é utilizada para produtos e materiais comercializados no mercado, como a maioria dos produtos de prateleira dos supermercados. Também é aplicada em embalagens *multi-pack* e em algumas caixas que constam no catálogo de vendas de um fornecedor.
- NUMERAÇÃO EAN/UCC-14: é uma estrutura de código que migrou do EAN-13, incluindo mais um dígito que identifica a quantidade de produtos em embalagens secundárias ou cargas unitizadas, como caixas, fardos e contenedores. É um tipo de codificação muito usado para controlar toda a movimentação da carga, até o recebimento e estoque do varejo.
- NUMERAÇÃO EAN/UCC-8: é uma codificação pouco utilizada que se aplica a unidades de consumo muito pequenas.
- NUMERAÇÃO UCC-128: é uma codificação utilizada para conter mais informações sobre os produtos, como a data de fabricação e a data de validade, que são dados importantes no caso de produtos perecíveis, por exemplo.

O código EAN-13 é o mais usado e identifica o país de origem do produto, a empresa e o produto por ela produzido. O último dígito serve para controlar a composição total do código e é obtido por meio do seguinte cálculo algorítmico:

Somatório das posições ímpares = 7 + 9 + 3 + 7 + 1 + 0 = 27
Somatório das posições pares = 8 + 8 + 5 + 4 + 0 + 1 = 26 · 3 = 78
Total do algoritmo = 105

O valor do dígito de controle será igual ao valor que falta para completar a próxima dezena obtida no total do algoritmo; no exemplo, o número será 5, pois é esse o valor que falta para 110 (próxima dezena).

Figura 7.2 – Código EAN-13

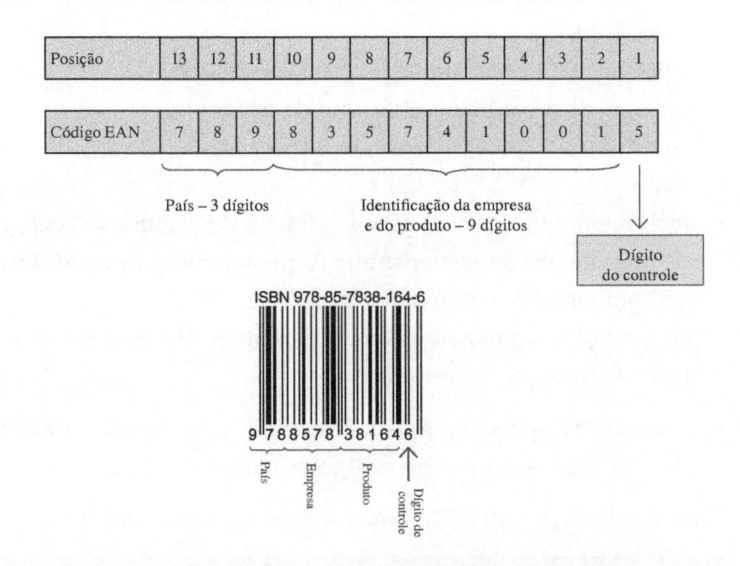

Posição	13	12	11	10	9	8	7	6	5	4	3	2	1
Código EAN	7	8	9	8	3	5	7	4	1	0	0	1	5

País – 3 dígitos Identificação da empresa e do produto – 9 dígitos Dígito do controle

ISBN 978-85-7838-164-6

9 788578 381646

País Empresa Produto Dígito de controle

FONTE: FRANCISCHINI, GURGEL, 2002, P. 131.

Assim, como afirmamos, o GTIN recupera informações já catalogadas de um item. Ele ajuda a descrever toda a identificação das estruturas de dados para itens comerciais.

Vantagens e benefícios da automação pelo código de barras

A grande vantagem do código de barras é a rapidez de sua leitura mediante o uso de equipamentos chamados *escâneres*, *pistolas-laser* ou *canetas ópticas*. A leitura é efetuada instantaneamente, colocando-se o fecho de *laser* do equipamento sobre o código de barras.

As aplicações do código de barras melhoraram sensivelmente a produtividade quanto à identificação, ao manuseio e ao despacho de produtos e cargas. Listamos a seguir as principais vantagens apresentadas pela utilização desses códigos, segundo Gonçalves (2007):

- redução dos custos de atendimento, logística e compras;
- redução do tempo de atendimento ao cliente;
- melhor comunicação com a clientela;
- emissão de cupons fiscais, com a discriminação dos produtos comprados;
- exibição clara e correta de preços e condições;
- redução de erros de identificação de produtos;
- comunicação ágil e segura com fornecedores via transmissão de dados;
- facilidade e rapidez no gerenciamento de estoques, como giro de estoque por departamento, grupo ou família de produtos, de compradores, de vendedores etc.;
- segurança e rapidez no inventário de mercadorias e no controle físico financeiro dos estoques.

A Tabela 7.2 apresenta a lista de códigos de país, que se referem aos três primeiros dígitos do código de barras EAN-13.

Tabela 7.2 – *Codificação EAN/UCC (identificação do país de origem do produto)*

Dígitos	País e entidade	Dígitos	País e entidade
000 - 139	UCC Estados Unidos e Canadá	628	EAN Arábia Saudita
200 - 299	*In-store numbers*	629	EAN Emirados Árabes
300 - 379	GENCOD-EAN França	640 - 649	EAN Finlândia

(continua)

(Tabela 7.2 – continuação)

Dígitos	País e entidade	Dígitos	País e entidade
380	BCCI Bulgária	690 - 695	Article Numbering Centre of China – ANCC China
383	EAN Eslovênia	700 - 709	EAN Noruega
385	EAN Croácia	729	Israeli Bar Code Association – EAN Israel
387	EAN-BIH Bósnia e Herzegovina	730 - 739	EAN Suécia
400 - 440	CCG Alemanha	740	EAN Guatemala
450 - 459 & 490 - 499	Distribution Code Center – DCC Japão	741	EAN El Salvador
460 - 469	UNISCAN – EAN Federação Russa	742	EAN Honduras
470	EAN Quirguistão	743	EAN Nicarágua
471	EAN Taiwan	744	EAN Costa Rica
474	EAN Estônia	745	EAN Panamá
475	EAN Letônia	746	EAN República Dominicana
476	EAN Azerbaijão	750	AMECE México
477	EAN Lituânia	759	EAN Venezuela
478	EAN Uzbequistão	760 - 769	EAN Suíça
479	EAN Sri Lanka	770	IAC Colômbia
480	PANC Filipinas	773	EAN Uruguai

(Tabela 7.2 – continuação)

Dígitos	País e entidade	Dígitos	País e entidade
481	EAN Belarus	775	EAN Peru
482	EAN Ucrânia	777	EAN Bolívia
484	EAN Moldova	779	EAN Argentina
485	EAN Armênia	780	EAN Chile
486	EAN Geórgia	784	EAN Paraguai
487	EAN Cazaquistão	786	ECOP Equador
489	HKANA Hong Kong	789 - 790	EAN Brasil
500 - 509	E.centre Reino Unido	800 - 839	INDICOD Itália
520	HELLCAN-EAN HELLAS Grécia	840 - 849	AECOC Espanha
528	EAN Líbano	850	Camera de Comercio de la Republica de Cuba – Cuba
529	EAN Chipre	858	EAN Eslováquia
531	EAN-MAC FYR Macedônia	859	EAN República Tcheca
535	EAN Malta	860	EAN YU (Iugoslávia)
539	EAN Irlanda	865	GS1 Mongólia
540 - 549	EAN Bélgica e Luxemburgo	867	EAN DPR Coreia do Norte

(Tabela 7.2 – continuação)

Dígitos	País e entidade	Dígitos	País e entidade
560	CODIPOR (Portugal)	869	Union of Chambers of Commerce of Turkey – UCCE Turquia
569	EAN Islândia	870 - 879	EAN Holanda
570 - 579	EAN Dinamarca	880	EAN Coreia do Sul
590	EAN Polônia	884	GS1 Camboja
594	EAN Romênia	885	EAN Tailândia
599	EAN Hungria	888	SANC Cingapura
600 - 601	EAN África do Sul	890	EAN Índia
608	EAN Bahrein	893	EAN Vietnã
609	EAN Ilhas Maurício	899	EAN Indonésia
611	EAN Marrocos	900 - 919	EAN Áustria
613	EAN Argélia	930 - 939	EAN Austrália
616	EAN Quênia	940 - 949	EAN Nova Zelândia
619	Tunicode – Tunísia	955	EAN Malásia
621	EAN Síria	958	EAN Macau
622	EAN Egito	977	Publicações em série (ISSN)
624	EAN Líbia	978	Livros e publicações (ISBN)

(Tabela 7.2 – conclusão)

Dígitos	País e entidade	Dígitos	País e entidade
625	EAN Jordânia	979	Livros e publicações (ISBN) e música impressa (ISMN)
626	EAN Irã	980	*Refund receipts*
627	EAN Kuwait	981 - 982	*Common Currency Coupons*
		990 - 999	*Coupons*

Fonte: Elaborado com base em GS1 Brasil, 2017.

(7.6) Localização e endereçamento de materiais

Um bom gerenciamento de armazenagem, além da codificação do material, exige a identificação da localização ou do endereçamento do material no armazém. A Figura 7.3 apresenta a estrutura mais usual para codificação do endereçamento do material no estoque.

Figura 7.3 – Código de endereçamento

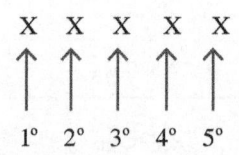

$$X \quad X \quad X \quad X \quad X$$
$$\uparrow \quad \uparrow \quad \uparrow \quad \uparrow \quad \uparrow$$
$$1° \quad 2° \quad 3° \quad 4° \quad 5°$$

O código de endereçamento usualmente é identificado por cinco dígitos alfanuméricos e cada um deles recebe a seguinte representação:

- 1º dígito: identifica o armazém ou uma área dentro do armazém;
- 2º dígito: fornece a rua do armazém;
- 3º dígito: identifica o número da prateleira ou estante;

- 4º dígito: fornece o nível ou andar da posição vertical;
- 5º dígito: indica a posição horizontal dentro da posição vertical.

O objetivo de um sistema de localização de materiais deve ser o de estabelecer meios necessários para a rápida e perfeita localização dos materiais estocados.

(7.7) Inventário de materiais

Uma gestão de armazém deve conter o controle e a guarda do material de forma a obter o melhor índice de acuracidade (relação entre a quantidade física do material e a quantidade registrada). Como uma das funções da armazenagem é o registro de todas as movimentações de entrada e saída dos materiais, é recomendável que, periodicamente, sejam feitos inventários para verificar discrepâncias em termos de valor e quantidade entre o estoque físico e o estoque registrado contabilmente. Segundo Dias (1993), existem dois tipos de inventários:

1. INVENTÁRIO GERAL: é efetuado no último dia do ano, para o devido levantamento e registro contábil dos valores dos estoques no balanço patrimonial da empresa.
2. INVENTÁRIO ROTATIVO: é realizado várias vezes ao ano, distribuindo-se a contagem total dos itens durante esse período, o que promove melhores condições de controle e análise das discrepâncias encontradas e suas causas. Os inventários rotativos devem ser programados por grupos de categorias de materiais conforme as políticas de cada empresa. Vejamos alguns exemplos de grupos de materiais:
    - grupo 1 (materiais mais significativos e importantes, inventariados de quatro a seis vezes ao ano);
    - grupo 2 (materiais de importância intermediária, inventariados de duas a três vezes ao ano);
    - grupo 3 (materiais de baixo valor e alto giro, inventariados de uma a duas vezes ao ano).

O inventário rotativo é mais recomendável, pois um controle mais frequente possibilita que se detectem e se corrijam as não conformidades ou erros em prazos menores de tempo. Por outro lado, é preciso analisar a relação custo-benefício do inventário rotativo.

Planejamento do inventário

O inventário exige planejamento e preparação prévios para que seja bem realizado. Suas etapas, conforme Dias (1993), envolvem:

- organizar as equipes de contagem e explicar os procedimentos, a sequência, os registros e as metas de contagem;
- definir os meios de registro da contagem, estabelecendo o meio de registro, seja cartão de inventário, seja registro por escâner;
- estabelecer cronograma de trabalho por equipe das atividades de inventário por hora, turno ou dia de trabalho.

Hoje, com o auxílio da informática, o resultado de um inventário é muito facilitado em virtude da rapidez com que o sistema processa as informações, uma vez que as quantidades inventariadas são notificadas ao sistema, que as compara com o que já havia sido registrado. O relatório de anormalidades emitido pelo sistema deve ser analisado item a item, para que seja possível encontrar as causas das discrepâncias e buscar formas de eliminá-las.

Síntese

Como abordamos neste capítulo, a codificação de materiais é um ponto essencial na gestão dos estoques e na cadeia logística de suprimentos. Ela pode ser realizada pelo sistema decanumérico, pelo sistema da *Federal Supply Classification,* pelo código de barras ou, ainda, pelo padrão internacional EAN/UCC-13. Em suma, cada empresa adotará o próprio critério de codificação em função das peculiaridades de seus produtos e mercados. No varejo supermercadista, por exemplo, a maioria dos produtos é codificada pelo padrão internacional EAN.

Na sequência, destacamos que o código de endereçamento do material no almoxarifado é fator fundamental para a organização e localização dos materiais em estoque para a expedição. Também demonstramos a importância dos procedimentos do inventário de materiais. Quanto maiores os valores envolvidos, mais frequentes devem ser os controles e os inventários, os quais devem obedecer a critérios e procedimentos preestabelecidos.

Indicações culturais

DIAS, M. A. P. **Administração de materiais**: uma abordagem logística. 4. ed. São Paulo: Atlas, 1993.

O autor trata do tema da codificação de materiais em suas concepções e aplicações iniciais nas empresas.

FRANCISCHINI, P. G.; GURGEL, F. A. **Administração de materiais e patrimônio**. São Paulo: Pioneira-Thomson, 2002.

Os autores apresentam, de forma detalhada, todos os tipos de codificação e suas aplicações.

GONÇALVES, P. S. **Administração de materiais**: obtendo vantagens competitivas. 2. ed. Rio de Janeiro: Elsevier, 2007.

O autor aborda o tema da codificação de materiais, o código de barras e os tipos de leitores ópticos de identificação.

Atividades

1. Qual é a importância do sistema de codificação de materiais?

2. Quais são as variáveis mais importantes para escolher um sistema de codificação de materiais adequado à empresa?

3. Quais são as diferenças entre um sistema de codificação de produtos de prateleira de supermercados e o de uma loja de roupas ou de calçados? Por que usam sistemas de codificação diferentes?

4. Quais são os principais benefícios do código de barras no sistema de codificação de produtos?

5. Por que é importante realizar o inventário de estoques e quais são os procedimentos a serem observados nesse processo?

(8)

Compras

Compras são o processo de aquisição de materiais, equipamentos ou serviços necessários às operações da empresa. A atividade de compras exige profissionais com conhecimento especializado sobre os produtos e os serviços, familiarizados com especificações técnicas, contratos, normas de fornecimento, transportes e vários outros fatores, de acordo com as características dos produtos ou serviços que estão sendo adquiridos pela empresa.

A definição mais tradicional e conhecida de *compras* é aquela em que esse processo é conceituado como comprar a qualidade de material correta, no tempo certo, na quantidade estritamente necessária, do fornecedor certo, ao preço mais adequado. Na realidade, a área de compras de qualquer empresa enfrenta uma pressão constante para reduzir os custos das aquisições, obter melhorias contínuas nos níveis de serviços prestados pelos fornecedores e obter bons resultados nas negociações dos contratos de fornecimento.

As principais atividades e responsabilidades do departamento de compras de uma empresa, segundo Gonçalves (2007), são:

- atender a determinações, políticas, padrões e procedimentos definidos pelas estratégias da empresa;
- identificar e criar as fontes de suprimento;
- selecionar fornecedores, bem como negociar contratos;
- obter as melhores condições para a empresa por meio de negociação justa, honesta e ética;
- primar por boas relações comerciais com os fornecedores e controlar seu desempenho;
- manter um banco de dados dos fornecedores e de sua *performance* operacional.

As principais variáveis a serem observadas na seleção de fornecedores são: preço; condições de pagamento; prazos de entrega; qualidade; capacidade de suprimento; atendimento; apoio técnico; garantia e estabilidade financeira. É importante considerar também que as compras da empresa devem obedecer a um orçamento financeiro predeterminado em função de seu volume de vendas.

O departamento de compras compartilha informações com os principais sistemas operacionais da empresa:

- produção: quantidades, *lead time*, qualidade;
- engenharia: especificações técnicas dos produtos;
- financeiro: orçamento de compras em função dos diversos tipos de materiais;
- vendas: nível atual dos negócios e projeções futuras.

Um departamento de compras bem alinhado adquire materiais ou equipamentos de acordo com as necessidades da empresa mediante a atuação de profissionais especializados e segundo as normas preestabelecidas para firmar acordos viáveis para ambos os lados.

(8.1) Objetivos da área de compras

Os principais objetivos da área de compras, conforme Dias (1993), são:

- suprir a empresa com um fluxo seguro de materiais e serviços para atender às necessidades organizacionais;
- assegurar a continuidade do suprimento para manter relacionamentos efetivos com fontes existentes, desenvolvendo outras fontes de suprimentos alternativas, ou para atender a necessidades emergentes ou planejadas;
- comprar eficiente e sabiamente, obtendo, por meios éticos, o melhor resultado para a empresa (melhor valor pelo menor custo);
- manter relacionamentos cooperativos com outros departamentos da empresa, fornecendo informações necessárias para assegurar as melhores operações;
- desenvolver funcionários, políticas e procedimentos para assegurar o alcance dos objetivos previstos pelo setor na empresa;
- selecionar os melhores fornecedores do mercado;
- proteger e manter a estrutura de custos dos produtos e da empresa;
- manter o equilíbrio correto de qualidade/valor definido pela estratégia dos negócios da empresa;
- monitorar as tendências do mercado de suprimentos;
- negociar eficazmente para trabalhar com fornecedores que buscarão o benefício mútuo por meio de desempenho economicamente superior.

Assim, é possível perceber que o setor de compras é fundamental para que a empresa se desenvolva e mantenha seu equilíbrio financeiro.

(8.2) Aspectos estratégicos da área de compras

Gonçalves (2007) elenca três questões estratégicas importantes para a área de compras:

1. Qual é o processo a ser adotado para a escolha do melhor fornecedor?
2. Como negociar um excelente "pacote" com um fornecedor, de modo a obter os melhores preços, condições de fornecimento e resultados para as partes?
3. Qual é o melhor processo para manter um relacionamento eficiente e duradouro com os fornecedores, por meio do monitoramento da *performance* de cada fornecedor em particular?

Segundo Baily et al. (2000), uma operação de compras estratégica pode proporcionar à organização uma vantagem competitiva ao reduzir o desperdício na cadeia de valor. As estratégias de compras não podem ser desenvolvidas isoladamente, elas precisam estar integradas à estratégia corporativa para serem bem-sucedidas. O Quadro 8.1 mostra o envolvimento das compras nos níveis estratégico, tático (gerencial) e operacional.

Quadro 8.1 – Atividades de compras nos níveis estratégico, tático e operacional

NÍVEL ESTRATÉGICO	NÍVEL TÁTICO	NÍVEL OPERACIONAL
Planejamento de longo prazo	Métodos de compras e licitações	Registro e acompanhamento dos fornecedores
Pesquisa de compra	Orçamento	Emissão das ordens de compras
Previsão de disponibilidade	Negociações	Investigações/cotações

(continua)

(Quadro 8.1 – conclusão)

Nível estratégico	Nível tático	Nível operacional
Políticas e ética de compras	Técnicas de redução de custos	Controle das devoluções
Fonte única ou vários fornecedores	Desenvolvimento dos compradores	Acompanhamento das entregas
Política de licitações	Contratos de compras	Cumprimento de políticas e contratos de compras

Fonte: Adaptado de Baily et al., 2000, p. 38.

Dessa forma, o departamento de compras de uma empresa deve atuar de forma a trazer uma vantagem competitiva para a organização. Assim, todas as ações devem ser pensadas de forma coletiva, e não isolada.

Seleção de uma estratégia de compras

A seguir, apresentamos alguns fatores envolvidos na seleção e no desenvolvimento de uma estratégia de compras.

Quanto ao mercado de suprimentos, devem ser considerados:

- tamanho;
- nível de concorrência (vendedores existentes no mercado);
- considerações legais;
- considerações tecnológicas;
- considerações sociais;
- considerações de relações industriais;
- considerações econômicas gerais;
- nível de concorrência de outros compradores;
- nível de inflação;
- níveis de moedas comparativas;
- número de fontes potenciais;
- forças de compras;
- grau de envolvimento governamental no mercado.

Quanto às considerações específicas acerca dos fornecedores, devem ser analisados:

- qualidade dos relacionamentos;
- nível de confiança;
- registro de desempenho;
- tecnologia de produção;
- instalações de produção;
- nível de flexibilidade;
- nível de qualidade;
- registro de qualidade;
- registro de estoque;
- estabilidade financeira;
- abordagem de preço;
- política de crédito;
- distância da fábrica ao comprador;
- instalações de estocagem;
- instalações logísticas;
- proporção de vendas por comprador.

Portanto, as compras não só definem o ato de adquirir materiais para as operações das empresas, mas também comportam um âmbito estratégico a ser considerado pelos profissionais, que devem ser bem preparados e conhecer o mercado e todas as suas condicionantes e peculiaridades.

(8.3) Estrutura organizacional do departamento de compras

O departamento de compras de qualquer empresa deve atender às peculiaridades de cada tipo de negócio. É evidente que o volume das atividades e o respectivo grau de complexidade, ao lado das características de cada empresa em sua cadeia de suprimentos, vão definir o nível de maior ou menor importância do departamento e a forma como ele se localizará na estrutura organizacional. Via de regra, o departamento de compras está subordinado à diretoria de operações, à diretoria de suprimentos ou à diretoria industrial, mas pode também estar sob o comando da diretoria administrativa e financeira; tudo depende do tamanho da organização, das características técnicas dos produtos e dos materiais e do volume de compras envolvido.

Uma tendência natural é centralizar as compras em um único departamento. Em uma estrutura CENTRALIZADA, os compradores são responsáveis por categoria ou classificação dos materiais. Esse sistema tem a vantagem de transformar os compradores em verdadeiros especialistas nos materiais que adquirem, bem como do respectivo mercado fornecedor.

A estrutura DESCENTRALIZADA de compras surge quando a empresa tem unidades regionais distantes umas das outras. Nesse caso, as compras realizadas pelas unidades regionais promovem mais agilidade de procedimentos em razão da autonomia operacional e administrativa de cada unidade. Um sistema centralizado para várias unidades regionais é inadequado e apresenta problema de gerenciamento das prioridades das compras. A própria distância geográfica impede uma ação rápida e eficaz de compra para atender aos casos mais urgentes.

É aconselhável centralizar as compras para itens de elevado valor e deixar os itens de menor valor para as operações e as emergências das unidades regionais. O Quadro 8.2 apresenta uma comparação entre as vantagens da centralização e da descentralização.

Quadro 8.2 – Compras centralizadas versus descentralizadas

COMPRAS CENTRALIZADAS	COMPRAS DESCENTRALIZADAS
Melhor controle global.	Maior autonomia funcional das unidades.
Melhor poder de negociação e compra pelo efeito da economia de escala.	Maior flexibilidade na solução de problemas regionais, assim como mais conhecimento das fontes de suprimento, meios de transporte e armazenamento mais próximos da região.
Maior aproveitamento dos recursos de pessoal, comunicação, sistemas de apoio de *software*, *hardware* etc.	Mais rapidez nas respostas às necessidades de compras emergenciais.
Menos concorrência entre os compradores regionais e menos disparidades de preços de aquisição de um mesmo material por compradores diversos.	Maior gerenciamento de suas funções e de suas necessidades, além de mais controle.

FONTE: ADAPTADO DE GONÇALVES, 2007, P. 247-248.

Para definir se as compras serão centralizadas ou descentralizadas, é necessária uma análise minuciosa que indique a melhor relação entre nível de atendimento e custos associados para cada tipo de negócio ou empresa.

(8.4) Seleção e cadastramento de fornecedores

A procura, a seleção e o cadastramento de fornecedores são atividades operacionais primordiais do departamento de compras de qualquer empresa. Essa função pode ser simples ou onerosa e complexa, de acordo com as exigências técnicas dos materiais.

Os fornecedores devem ser selecionados para atender às características e especificações técnicas exigidas pelos produtos e operações da empresa compradora. A norma NBR ISO 9001:1994, em seu requisito 4.6.2, conforme Francischini e Gurgel (2002), estabelece que o comprador deve avaliar e selecionar fornecedores com base na capacidade de atender aos requisitos de subcontratação, incluindo exigências de sistema da qualidade e quaisquer condições específicas de garantia de qualidade. Na seleção de fornecedores, observa-se uma sequência de processos, apresentados a seguir:

- PROCURA: consiste em localizar fornecedores que podem atender ao suprimento de determinado material ou produto. Pode ser realizada por meio de pesquisas em fontes de informações, como associações de classe, publicações especializadas, internet, feiras e exposições e catálogos telefônicos.
- ESTABELECIMENTO DE CRITÉRIOS DE AVALIAÇÃO DOS FORNECEDORES: dependem das exigências impostas pelo comprador. Como exemplos, podemos citar: ser empresa nacional ou não; situar-se próxima à empresa compradora; ter tradição no mercado; apresentar bom histórico de fornecimento; ter boas referências comerciais; ter certificação ISO ou alguma outra exigida pelo setor da indústria (a automobilística, algumas de bens de capital, a aeronáutica e a naval têm certificações próprias para avaliação e qualificação de fornecedores); ter boa situação econômico-financeira e de índices de liquidez; ter qualificação técnica apropriada.
- AVALIAÇÃO E SELEÇÃO DOS FORNECEDORES: é necessário estabelecer critérios seletivos em função de itens críticos, itens importantes e itens não críticos exigidos nas características do produto e do fornecimento, por meio de pontuações ponderadas cujo total mínimo os fornecedores devem atingir para serem escolhidos. Em certas situações, nas quais pode haver grandes exigências de qualidade técnica do produto, a avaliação e a seleção de fornecedores envolvem outros departamentos da empresa, como o de engenharia, o de projetos e o de qualidade; assim, o processo pode não ser exclusivo do setor de compras da empresa.

- CADASTRAMENTO DOS FORNECEDORES: finalizado o processo de avaliação e de escolha de fornecedores, eles devem ser cadastrados na lista de fornecedores selecionados para cada tipo de produto ou material comprado pela empresa. É a partir disso que se procede às cotações de preço e às negociações. Para a elaboração da lista de fornecedores, o preço não deve ser critério de cadastramento, uma vez que integra o processo de cotação e negociação.
- ACOMPANHAMENTO DO DESEMPENHO DOS FORNECEDORES: pressupõe um sistema eficiente de informações entre os setores responsáveis pelo recebimento de materiais, o almoxarifado, o setor de produção e outros, para que haja transparência e agilidade no tratamento de eventuais problemas ou discrepâncias de fornecimento. É importante que o fornecedor seja informado imediatamente das ocorrências para as devidas ações corretivas. Francischini e Gurgel (2002), recomendam que o acompanhamento do desempenho dos fornecedores seja realizado por meio dos seguintes instrumentos: indicadores (de qualidade, prazo e suas tendências); advertências (correspondências que alertem o fornecedor em relação aos problemas de fornecimento); avaliação (reuniões para analisar o desempenho do fornecimento); assistência (envio de especialistas da empresa compradora ao fornecedor para verificação e correção de problemas); correção (exigência de evidências de ações corretivas do fornecedor em um período determinado).

(8.5) Cotações

Selecionados e cadastrados os potenciais fornecedores, o passo seguinte no processo de compra é obter as cotações e os prazos de fornecimento. Para Francischini e Gurgel (2002), o processo de cotação deve obedecer a critérios qualificadores e classificadores de fornecimento, não exclusivamente ao critério de menor preço.

Critérios qualificadores

Critérios qualificadores são aqueles estabelecidos pela empresa compradora que definem requisitos para os fornecedores e que os qualificam ao possível fornecimento. Alguns dos principais requisitos, segundo Francischini e Gurgel (2002), são:

- conformidade da situação legal-fiscal (negativas e certidões de cartórios, da Receita Federal, do INSS, do FGTS etc.);
- situação econômico-financeira estável, atestada por meio da análise de índices econômico-financeiros obtidos das demonstrações de resultados e balanço patrimonial do fornecedor;
- referência de outros clientes de fornecimentos semelhantes;
- sistema de garantia da qualidade adequado às exigências;
- certificações técnicas por instituições competentes apropriadas;
- imagem e histórico da empresa no mercado.

Critérios classificadores

Os critérios classificadores definem as variáveis para a escolha do fornecedor e normalmente se concentram no preço, no prazo de entrega ou em alguma contrapartida de exigência do comprador.

Solicitação da cotação

A solicitação da cotação deve conter as informações exigidas no processo de cotação. Entre essas informações, os principais itens de um processo de solicitação de cotação são:

- preços e condições de pagamento;
- prazos de entrega;
- condições de reajuste dos preços;
- garantias;
- critérios de inspeção e garantia da qualidade;
- custos de transporte, embalagem e seguro.

A solicitação de cotação, quando aplicada a um produto ou material não padronizado, deve conter todos os desenhos e as especificações a serem atendidos no fornecimento.

Licitações

Consistindo em um processo de tomada de preço para compras de empresas ligadas a órgãos governamentais, as licitações são determinadas e fixadas pela Lei n. 8.666, de 21 de junho de 1993 (Brasil, 1993).

A chamada da licitação é pública, efetuada por meio de editais na imprensa oficial. As propostas são encaminhadas pelos fornecedores, normalmente, em dois envelopes lacrados – um com os documentos de qualificação da empresa (estatuto e alterações, balanços, certidões técnicas, legais e fiscais etc.) e o outro com a proposta de preços.

A comissão de licitação, no dia da abertura dos envelopes, em ato público e na presença de todos os fornecedores participantes, procede à abertura do envelope da documentação e, caso a empresa não atenda às exigências da qualificação, é desclassificada da segunda etapa, que é a abertura da proposta de preços.

Todas as propostas podem ser analisadas pelos participantes, com direito de manifestação e solicitação de recurso por parte daqueles que se sentirem prejudicados ou caso seja constatada alguma discrepância. O processo de licitação é concluído com a indicação pública da empresa vencedora, tudo devidamente registrado em ata e assinado pela comissão e pelas empresas participantes.

(8.6) Negociação

Há muitas formas de definir *negociação*, mas todas elas convergem para que as partes cheguem a um ponto comum de acordo. O conceito pode ser definido como a conversação com outras pessoas para firmar um compromisso ou acordo ou, ainda, como um processo no qual se buscam condições de obter algo de alguém que deseja algo do outro. Todas as definições apontam como fator-chave da negociação a RECI-PROCIDADE de desejos e necessidades, solucionados na base da troca. Uma das competências-chave do profissional de compras é sua habilidade de negociação. As negociações podem envolver o relacionamento com uma ou muitas fontes de suprimentos e ser conduzidas individualmente ou entre equipes de negociadores, representando interesses diferentes; podem ser realizadas por telefone, em questão de minutos, ou levar muitos meses para serem concluídas. Vale também mencionar que as negociações não estão necessariamente restritas ao relacionamento entre comprador e vendedor – muitas ocorrem em base intraorganizacional, envolvendo a conciliação das diversas visões e pontos de vista dos integrantes e funcionários da empresa.

A negociação, além de ter a conotação de "barganha", pode abranger outros significados. Pode ser empregada por um marinheiro ou navegador, significando algo como "encontrar um caminho"; já um banqueiro pode empregar o termo no sentido de "troca de valor", como na negociação de um cheque ou de uma aplicação financeira. Certamente, as atividades de compras e suprimentos estão concentradas na troca de valor e no objetivo de encontrar pontos de interesses das partes. Entretanto, a negociação de barganha é vista como um processo para alcançar um acordo.

Alternativas à negociação

Há alternativas para estabelecer um acordo que não envolvem negociações e que são apropriadas e eficazes em circunstâncias especiais. Algumas alternativas estratégicas à negociação são:

- PERSUASÃO: estimular o outro lado a aceitar os méritos de uma situação específica, sem concessão.
- ACEITAÇÃO: concordar totalmente com o que o outro lado oferece.

- COERÇÃO: insistir para que o outro lado atenda a demandas específicas.
- SOLUÇÃO DE PROBLEMA: remover a diferença, de forma que não haja necessidade de negociação.

Desse modo, quando a negociação não é viável, é possível chegar a um acordo por meio de estratégias alternativas.

Fases da negociação

Conceitualmente, qualquer negociação apresenta, no mínimo, três fases. A primeira é a PREPARATÓRIA, quando as informações são analisadas, os objetivos são estabelecidos e as estratégias são desenvolvidas e traçadas. A segunda é a FASE DE REUNIÕES, que envolve o processo de discussão, a coleta e a análise de outras informações e o acordo entre as partes. A terceira é o estágio que compreende a IMPLEMENTAÇÃO do acordo, dentro das organizações representadas na fase anterior e entre elas.

Um bom negociador não nasce pronto, é preciso capacitá-lo e treiná-lo para participar de negociações comerciais. A negociação exige habilidades e técnicas que, algumas vezes, não podem ser atendidas por uma única pessoa, situação que requer, em certos casos, uma negociação em equipe. Algumas regras básicas de negociação são:

- conhecer detalhadamente todas as características do objeto ou do assunto negociado;
- identificar necessidades, motivações, forças e fraquezas das partes envolvidas;
- estabelecer as metas desejadas na negociação, em que pontos ceder e em que pontos não ceder;
- definir as variáveis da negociação e negociá-las uma a uma, estabelecendo-se previamente os pontos possíveis ou não de concessão;
- conscientizar sutilmente o oponente sobre os pontos fracos dele;
- evidenciar sempre os próprios pontos fortes;

- procurar não convencer o oponente de que o ponto de vista dele está errado e que deve ser mudado;
- ser flexível e capaz de definir metas e interesses mútuos rapidamente;
- desenvolver alternativas criativas que vão ao encontro das necessidades de seu oponente;
- ser cooperativo, para propiciar um clima harmônico para a solução de problemas;
- ser competitivo, a fim de estimular as duas partes para que sejam mais eficientes na busca de benefícios mútuos.

Portanto, além de conhecer as três fases da negociação – a preparatória, a fase de reuniões e a implementação do acordo –, o negociador precisa estar capacitado para atuar nas mais diversas situações.

(8.7) Critérios de escolha do fornecedor

Francischini e Gurgel (2002) afirmam que os critérios de escolha podem ser classificados em simples ou múltiplos. Os critérios SIMPLES consideram apenas uma variável de análise no processo decisório, em função das necessidades e dos interesses da empresa compradora. Se a empresa está com problemas de caixa ou falta de recursos, sua variável de decisão será o prazo de pagamento, e a empresa que der o maior prazo será a escolhida. Caso a empresa necessite urgentemente do material, pois a produção está parando, a variável de análise será o prazo de entrega.

Os critérios MÚLTIPLOS consideram muitas variáveis de análise e, nesse caso, deve ser estabelecido um método de pontuação e ponderação para classificar cada fornecedor no processo. A Tabela 8.1 apresenta as variáveis de critério múltiplo de escolha do fornecedor com um exemplo hipotético de pontuação ponderada.

Tabela 8.1 – Critério múltiplo de variáveis na escolha do fornecedor

VARIÁVEL	PESO	FORNECEDOR A		FORNECEDOR B		FORNECEDOR C	
		NOTA	PONTUAÇÃO	NOTA	PONTUAÇÃO	NOTA	PONTUAÇÃO
PREÇO	35	10,00	3,50	9,00	3,15	8,00	2,80
PRAZO DE ENTREGA	25	8,00	2,00	10,00	2,50	9,00	2,25
PRAZO DE PAGAMENTO	20	9,00	1,80	9,00	1,80	10,00	2,00
ASSISTÊNCIA TÉCNICA	10	9,00	0,90	9,00	0,90	8,00	0,80
GARANTIA	10	8,00	0,80	8,00	0,80	10,00	1,00
TOTAL	100		9,00		9,15		8,85

FONTE: ADAPTADO DE FRANCISCHINI; GURGEL, 2002, P. 74.

O peso de cada variável de análise é um critério a ser definido pelo comprador. As notas de cada fornecedor são submetidas à análise de um comitê de compras. No exemplo da Tabela 8.1, a empresa escolhida é o fornecedor B, que obteve a maior pontuação (9,15).

(8.8) Emissão de pedidos e contratos

Qualquer relação entre comprador e fornecedor envolve o sentido de comércio, cujo significado se relaciona aos aspectos econômicos e jurídicos da transação.

Segundo Pinho (citado por Gonçalves, 2007, p. 279),

o comércio, no sentido econômico, pode ser definido como o emprego da atividade humana destinada a colocar em circulação a riqueza produzida, facilitando as trocas e aproximando o produto do consumidor. Já no conceito jurídico, o comércio envolve um complexo de atos de intromissão entre o produtor e o consumidor, que, exercido habitualmente com fim de lucros, realizam, promovem ou facilitam a circulação dos produtos da natureza e da indústria, para tornar mais fácil e pronta a procura e a oferta.

A relação comercial entre comprador e fornecedor deve ser formalizada por emissão de pedido, ordem de compra ou por contrato, assinado pelas partes. Esse documento deve descrever e relatar todos os pontos acordados. Os contratos, segundo Gonçalves (2007, p. 281), devem estabelecer:

- *preços e condições de pagamento;*
- *prazos de entrega;*
- *condições de reajuste dos preços;*
- *garantias;*
- *critérios de inspeção e garantia da qualidade;*
- *responsáveis pelos custos de transporte e embalagem;*
- *outras instruções pertinentes.*

Além dessas condições, pedidos, ordens de compra ou contratos devem conter cláusulas que definam outros pontos importantes para proteger as partes envolvidas, principalmente o comprador, quais sejam:

- CUMPRIMENTO DAS EXIGÊNCIAS DO PROCESSO DE COTAÇÃO OU LICITAÇÃO: a mercadoria, produto ou objeto da compra deverá atender a todas as exigências do processo de licitação, em relação às quais o fornecedor declara ter pleno conhecimento e concordar com os termos. Para tanto, o comprador se obriga a prestar todo e qualquer esclarecimento necessário exigido pelo fornecedor.

- NÃO CUMPRIMENTO DOS PRAZOS: a inobservância dos prazos de entrega pelo fornecedor, sem motivos de força maior, implicará a cessação do reajuste de preço na data da entrega prevista no contrato e permitirá ao comprador cancelar todo o pedido ou uma parte dele. Independentemente dessa penalidade, o fornecedor fica sujeito à multa de dada porcentagem por dia de atraso, incidente sobre o valor do fornecimento, até o limite de X%. Atraso superior ao número de dias estipulado para a entrega dos insumos/produtos possibilitará ao comprador solicitar ao fornecedor a indenização pelos prejuízos dele decorrentes, como danos emergentes e lucros cessantes, independentemente de qualquer outra penalidade.

- NÃO ATENDIMENTO DA MERCADORIA ÀS ESPECIFICAÇÕES: caso a mercadoria não atenda às especificações, ela será devolvida imediatamente ao fornecedor e, se houver reincidência, o fornecedor poderá ser excluído do cadastro do comprador.

- REAJUSTE DE PREÇOS: o preço da mercadoria tem como data-base a da assinatura do contrato. Os preços pactuados são firmes e irreajustáveis durante 12 meses, conforme preceitua a Lei n. 9.069, de 29 de junho de 1995 (Brasil, 1995). Caso haja alterações na política econômico-financeira brasileira que modifiquem o pactuado no contrato, elas serão automaticamente aplicadas por força da legislação.

- **CANCELAMENTO DO CONTRATO**: ocorrerá cancelamento, independentemente de notificação ou interpelação, nos casos de recuperação judicial ou falência do fornecedor.
- **INDENIZAÇÕES**: o fornecedor indenizará o comprador por eventuais danos ou perdas, inclusive lucros cessantes que o comprador possa sofrer, direta ou indiretamente, em consequência do descumprimento pelo fornecedor das obrigações decorrentes do pedido de compra.

Os contratos de compras devem contemplar todos os objetivos para a obtenção dos materiais, bens e serviços necessários às operações em consonância com as metas e as prioridades das organizações, devendo-se salvaguardar, de forma contratual e explícita, as ações na hipótese de ocorrência de imprevistos ou casos fortuitos no processo de compra e fornecimento.

Síntese

Como demonstramos neste capítulo, as compras são uma atividade importantíssima para qualquer organização e que requer a observância de uma série de procedimentos, desde a procura e seleção de fornecedores, análise e julgamento do processo de cotação ou licitação, até o estabelecimento dos critérios de avaliação das propostas e escolha do fornecedor ganhador do pedido. Além desses procedimentos específicos, os profissionais de compras devem ser pessoas habilitadas, que conheçam bem o mercado e seus fornecedores, e bons negociadores, que utilizem regras e atitudes adequadas de negociação, assumindo sempre uma postura ética e profissional.

Indicações culturais

BAILY, P. et al. **Compras**: princípios e administração. São Paulo: Atlas, 2000.

Esse é um livro clássico, em que se entende a área de compras das empresas como atividade crucial da administração da cadeia de suprimentos.

FRANCISCHINI, P. G.; GURGEL, F. A. **Administração de materiais e patrimônio**. São Paulo: Pioneira-Thomson, 2002.

A obra trata do tema *compras* e de todas as suas atividades correlatas.

GONÇALVES, P. S. **Administração de materiais**: obtendo vantagens competitivas. 2. ed. Rio de Janeiro: Elsevier, 2007.

A obra aborda os objetivos e as formas de organização da área de compras, as estratégias para estabelecer parcerias, bem como os cuidados na elaboração dos contratos de compra e venda.

Atividades

1. Quais são as principais atribuições do departamento de compras nas empresas?

2. Qual é a melhor estrutura de compras para uma empresa de fornecimento de refeições para indústrias, que deve atender a 50 refeitórios, em diversos locais distantes? Justifique sua resposta.

3. Como são classificados os critérios de escolha de fornecedores e quais são os principais pontos a serem considerados?

4. Apresente um projeto de negociação em um processo de compra.

5. A relação comercial de compra e venda entre comprador e fornecedor deve ser formalizada e devidamente documentada. Quais são os itens e as condicionantes que devem ser considerados nesse processo?

(9)

Logística empresarial

Neste capítulo, apresentaremos um breve histórico do conceito de *logística*, sua importância para a vantagem competitiva das organizações e os fatores que envolvem sua integração funcional, incluindo a área de suprimentos – estoques, armazenagem, movimentação, embalagens e compras.

A batalha pelo domínio do mercado deixou de ser de empresa para empresa – agora consiste na maior ou menor eficiência em suas cadeias de suprimentos. A empresa Dell, produtora de microcomputadores, e a rede de supermercados Walmart transformaram sua eficiência na cadeia de suprimentos em uma grande vantagem competitiva, superando fortes concorrentes em seus mercados. Outras empresas tiveram significativas perdas de resultados por não organizarem adequadamente suas operações logísticas.

(9.1) Breve histórico da logística[a]

O exército francês usou o termo *logística* pela primeira vez no século XIX, para definir o sistema de administração e distribuição de provisões às tropas militares. Na Segunda Guerra Mundial, o conceito se estendeu à realidade dos países aliados. O planejamento logístico permitia a perfeita administração das remessas de alimentos, equipamentos e tropas às regiões conflagradas mediante a utilização correta dos meios de transporte.

O passo seguinte foi a busca da eficiência na armazenagem e distribuição de materiais e produtos finais. Isso porque, na década de 1970, iniciou-se, nos países desenvolvidos, o processo de abertura geográfica de seus mercados e, ao mesmo tempo, ocorreu um grande desenvolvimento de novas tecnologias na informática, na automação e nas comunicações. Isso levou as empresas a produzir volumes maiores e a procurar um sistema mais eficiente, que fosse capaz de escoar os produtos na velocidade exigida pelo mercado e que também funcionasse como um novo elemento de redução de custos. Mais do que nunca, estava claro que, para uma empresa, entregar o produto é tão importante quanto produzir ou vender.

Antes da década de 1950, as empresas executavam, normalmente, a atividade logística de maneira puramente funcional, e cada elo ou agente da cadeia agia de forma independente. Não existia um conceito ou uma teoria formal de logística integrada, pois, antes da grande difusão dos computadores e de técnicas quantitativas, não

---

a. Esta seção foi elaborada com base em Bowersox e Closs (2001).

havia nenhum motivo para acreditar que funções logísticas pudessem ser integradas ou que essa integração de funções aprimorasse o desempenho total. Nas décadas seguintes, começaram a ocorrer mudanças nas práticas de gerenciamento logístico. Não era possível ignorar a presença da emergente tecnologia de informação no fértil terreno da logística.

Os primeiros aplicativos de computador e as pioneiras técnicas quantitativas se concentravam no aperfeiçoamento do desempenho de funções logísticas específicas, como processamento de pedidos, previsões, controle de estoque e transporte. Outro fator que contribuiu para as abrangentes mudanças foi o ambiente econômico cada vez mais competitivo. A contínua pressão, no sentido de elevar os lucros em cenários de constante competição e concorrência empresarial, constitui uma preocupação gerencial constante nas empresas em contenção e redução de custos. A logística é uma das áreas importantes de custo e deve ser permanentemente explorada na busca pelo aumento de produtividade. Portanto, a combinação entre tecnologia e pressão econômica, iniciada na década de 1950, resultou em uma transformação na prática logística das empresas que continua até hoje, condição determinante para que essa área assuma cada vez mais importância nas organizações.

(9.2) Conceitos

Os conceitos de *logística*, sob o ponto de vista empresarial, são muitos, tendo em vista os diversos autores que estudam o tema.

De acordo com o dicionário *Aurélio* (Ferreira, 2004, p. 1225), a logística refere-se a um aspecto da arte da guerra que trata do planejamento e da realização de:

- projeto e desenvolvimento, obtenção, armazenamento, transporte, distribuição, reparação, manutenção e evacuação de material (para fins operativos ou administrativos);

- recrutamento, incorporação, instrução e adestramento, designação, transporte, bem-estar, evacuação, hospitalização e desligamento de pessoal;
- aquisição ou construção, reparação, manutenção e operação de instalações e acessórios destinados a otimizar o desempenho de qualquer função militar.

O conceito básico de *logística*, do qual evoluíram vários outros, é: colocar o produto certo no momento certo, no local certo e ao menor custo possível, desde as fontes de matéria-prima até o produto chegar ao consumidor final.

Segundo Ballou (1993, p. 17),

a logística empresarial estuda como a administração pode prover melhor nível de rentabilidade nos serviços de distribuição aos clientes e consumidores, através de planejamento, organização e controle efetivos para as atividades de movimentação e armazenagem que visam facilitar o fluxo de produtos.

O Conselho de Gerenciamento de Logística (Council of Logistics Management), citado por Bowersox e Closs (2001), define *logística empresarial* como o processo de planejamento, implementação e controle do fluxo e armazenagem eficientes e de baixo custo de matérias-primas, estoque em processo, produtos acabados e informações relacionadas, desde o ponto de origem até o ponto de consumo, com o objetivo de atender às requisições do cliente.

Podemos entender *logística* como o gerenciamento do fluxo físico de materiais que começa com a fonte de fornecimento no ponto de consumo. É mais do que uma simples preocupação com produtos acabados, o que era a tradicional preocupação da distribuição física. Na realidade, a logística está preocupada com a fábrica e os locais de estocagem, os níveis de estoque e os sistemas de informação, bem como com o transporte e armazenamento.

Em resumo, o OBJETIVO CENTRAL da logística é oferecer um nível desejado de serviço ao cliente pelo menor custo total possível.

(9.3) Cadeia logística ou de suprimentos

Todo e qualquer produto é concebido, produzido e distribuído até o consumidor final em uma sequência de etapas, a qual, em função de sua maior ou menor complexidade, poderá ou não envolver diversas empresas, cada uma com sua especificidade e qualificação na cadeia do negócio. Essa sequência de etapas é denominada ou conhecida como *cadeia de suprimentos, cadeia de abastecimento* ou *cadeia logística*.

A competição cada vez maior dos mercados exige que a cadeia de suprimentos seja competitiva e diferenciada, e não direcionada apenas ao fornecedor ou fabricante do produto. Portanto, o gerenciamento e a comunicação da cadeia de suprimentos integrada de qualquer produto são os grandes desafios dos tempos modernos nas organizações.

O desenvolvimento dos sistemas de informática, comunicação e transporte, nos últimos 20 anos, muito tem contribuído para a integração dos agentes da cadeia de suprimentos de qualquer setor.

O maior desafio da cadeia de suprimentos de qualquer produto é fazer com que seu gerenciamento seja integrado e eficiente, de tal forma que a comercialização dos produtos seja realizada na quantidade, no local e no momento corretos, ao menor custo possível e no melhor nível de atendimento, satisfazendo e encantando os clientes. Assim, todos os elos ou agentes de uma cadeia de suprimentos (fornecedores, fabricantes, distribuidores e varejistas e os sistemas de comunicação e transporte dos materiais) devem estar centrados em suprir os mercados nos locais, nas quantidades e nos tempos da demanda, fornecendo um elevado grau de serviço.

Figura 9.1 – *Representação da cadeia de suprimentos ou abastecimento*

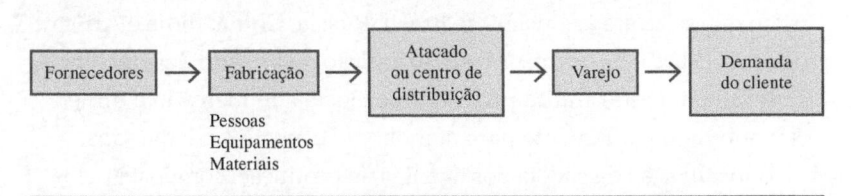

Fornecedores → Fabricação (Pessoas, Equipamentos, Materiais) → Atacado ou centro de distribuição → Varejo → Demanda do cliente

FONTE: ADAPTADO DE GONÇALVES, 2007, P. 328.

A Figura 9.1 apresenta uma cadeia básica de suprimentos e seus principais integrantes, iniciando com os fornecedores de matérias-primas e insumos destinados à produção, que são armazenados em depósitos de intermediários, normalmente denominados *centros de distribuição ou atacado*, e, posteriormente, distribuídos para diversos varejistas ou clientes.

(9.4) Fatores que determinam o posicionamento geográfico dos agentes da cadeia de suprimentos

Produtos e materiais são movimentados ao longo da cadeia de suprimentos, fluindo dos fornecedores para os fabricantes, destes para os centros de distribuição, depois para a rede do varejo e, enfim, para os clientes. O modelo da cadeia de suprimentos pode ser simples, ocorrendo tudo na mesma área geográfica ou local. Outros modelos podem ser mais complexos, apresentando vários locais de produção, com vários centros de distribuição, intermediários e pontos de venda.

O posicionamento geográfico dos agentes na cadeia de suprimentos tem implicações importantes nos custos e nos fluxos logísticos. Obviamente que o principal agente da Figura 9.1, apresentada anteriormente, é o mercado, pois, sem ele, a cadeia de suprimentos não teria razão de ser. O mercado é fixo e se localiza em sua região geográfica, composto tanto pelas pequenas comunidades ou cidades quanto pelos grandes centros urbanos.

Estudos indicam que, nos próximos anos, os mercados que mais crescerão no mundo serão os dos países denominados *BRICS*, acrônimo que se refere às iniciais de Brasil, Rússia, China, Índia e África do Sul. O varejo e os centros de distribuição ou atacado deverão obrigatoriamente estar muito próximos aos locais do mercado e dimensionados adequadamente para atender às respectivas demandas.

A localização da cadeia dos agentes de produção, composta pelos fornecedores de matérias-primas, peças, componentes, sistemas e montadoras ou empresas produtoras, dependerá da competitividade dos recursos e da análise custo-benefício do valor agregado do produto.

Vejamos alguns exemplos para esclarecer o processo que define a localização dos agentes da cadeia de produção ou fabricação. Produtos de baixo valor agregado, representado pelo valor do produto em função de seu peso, são, em sua maioria, os produtos nacionais das prateleiras dos supermercados e, portanto, a fabricação deles deve estar próxima de seus pontos de consumo. Produtos eletrônicos, por sua vez, apresentam elevado valor agregado, o que permite sua fabricação longe de seus mercados, pois os custos de transporte se tornam insignificantes em relação ao preço de venda, e os custos de produção mais competitivos são os que definem a localização da fábrica. Hoje, muitos produtos são fabricados na China em virtude do baixo custo da mão de obra no país em relação ao de outras nações.

A fórmula que define a localização da produção de dado item é simples: verificar os custos dos insumos e recursos do local de fabricação e os custos de transporte até os mercados consumidores; aquele que apresentar o menor somatório desses custos será o local de fabricação do produto.

Os *pen drives* (acessório de informática), por exemplo, são todos fabricados na China. Seu preço no Brasil gira em torno de R$ 50,00, com aproximadamente 10 gramas, o que resulta em R$ 5 mil por quilograma. O frete de um contêiner de 40 pés, da China ao Brasil, não ultrapassa o valor de US$ 5 mil, pois um contêiner pode transportar dezenas de milhares de *pen drives*, o que faz o custo do frete por unidade ser representado em centavos de dólares ou reais (insignificante, portanto) em relação ao seu preço de venda.

Já um produto como o sabão em pó, condicionado em uma embalagem de 1 quilo, custa, no armazém ou no supermercado, aproximadamente, de R$ 6,00 a R$ 10,00, conforme a marca. Nesse caso, o custo do frete passa a ter enorme relevância na decisão da localização da fábrica.

No mundo globalizado, as empresas fabricantes de produtos estão localizadas onde os custos dos recursos tecnológicos necessários somados aos custos de transporte a seus mercados de consumo são os mais atrativos. Também devem ser considerados os impostos que os países impõem às importações a fim de proteger as empresas locais, o que leva algumas empresas estrangeiras a abrir filiais nesses países. O Brasil é um país muito competitivo quanto à localização de indústrias, pois apresenta concorrência de recursos superior à de outros países, em razão da disponibilidade de recursos e da qualificação da mão de obra, que vêm aumentado ano a ano nos mais diversos setores de produção.

(9.5) Integração da cadeia de suprimentos

A integração da cadeia de suprimentos não é uma atividade muito fácil e, em certos setores, é até bastante difícil, pois os objetivos e os interesses de seus agentes podem ser conflitantes e contraditórios. Por exemplo: os fornecedores de matérias-primas desejam fornecer em grandes quantidades e nos melhores preços; os fabricantes querem ter apenas a matéria-prima estritamente necessária para atender ao ritmo da produção em conformidade com a demanda; os centros de distribuição e o varejo desejam a quantidade de material disponível para não perder vendas, bem como a reposição imediata por parte do fabricante tão logo terminem seus estoques.

Os objetivos conflitantes não podem ser atendidos concomitantemente, ou seja, não se pode aumentar o nível de serviço para os clientes e, ao mesmo tempo, reduzir estoques (Gonçalves, 2007). Várias empresas, para melhorarem a competitividade – como a fábrica de automóveis Toyota, quando buscava ingressar com seus carros no mercado dos Estados Unidos, na década de 1980 –, desenvolveram técnicas de manufatura ou fabricação, a fim de atender à demanda com o mínimo de peças em estoques na cadeia. Essa forma logística é conhecida hoje como *sistema just-in-time* e *produção enxuta* (ou *lean manufacturing*).

Just-in-time é uma filosofia de produção que preconiza que nada deve ser produzido, transportado ou comprado antes do tempo exato em que será necessário, o que evita gastos excessivos na produção e na manutenção de estoques. *Lean manufacturing* (ou produção enxuta) refere-se à redução dos sete tipos de desperdícios que podem ser encontrados no processo de produção (superprodução, tempo de espera, transporte, excesso de processamento, inventário, movimento e defeitos).

Gonçalves (2007) ensina que a cadeia de suprimentos pode ser analisada por meio de três fluxos:

1. Fluxo de materiais: deve abastecer os elos da cadeia de forma contínua e em sincronia com a demanda correspondente em cada estágio, tudo de forma interligada. A ideia é que o fluxo de materiais seja "puxado" pelo ritmo e comportamento da demanda.

2. Fluxo de informações: possibilita operacionalizar o processo de abastecimento de materiais e produtos "puxados" na cadeia de suprimentos do cliente final aos fornecedores de matérias-primas. Se esse sistema de informações não é eficiente, corre-se o risco de faltar material ou tê-lo em excesso – é o chamado *efeito Forrester*. Isso ocorre quando uma simples oscilação da demanda no mercado faz disparar, de forma desordenada, uma sequência de abastecimentos nos elos da cadeia e, uma vez cessada essa oscilação, conhecida como *bolha de consumo*, toda a cadeia fica sobrecarregada de estoques. Esse efeito foi observado pelo engenheiro de sistemas norte-americano Jay Forrester em 1961, e sua principal causa é um desejo racional e perfeitamente compreensível de cada um dos diferentes elos da cadeia de suprimentos de gerenciar suas taxas de demanda e seus níveis de estoque de maneira independente. Para demonstrarmos como esse fenômeno ocorre, apresentamos um exemplo, na Tabela 9.1, de uma cadeia de suprimentos de quatro estágios.

Tabela 9.1 – Flutuações dos níveis de produção em cadeia de suprimentos decorrentes de mudança na demanda do cliente final

Período	Fornecedor 3º Nível		Fornecedor 2º Nível		Fornecedor 1º Nível		Montadora		Demanda
	Produção	Estoque	Produção	Estoque	Produção	Estoque	Produção	Estoque	
1	100	100	100	100	100	100	100	100	100
		100		100		100		100	
2	20	100	60	100	80	100	90	95	95
		60		80		90		95	
3	180	60	120	80	100	90	95	95	95
		120		100		95		95	
4	60	120	90	100	95	95	95	95	95
		90		95		95		95	
5	100	90	95	95	95	95	95	95	95
		95		95		95		95	
6	95	95	95	95	95	95	95	95	95
		95		95		95		95	

Fonte: Adaptado de Slack et al., 1999, p. 429.

A tabela revela o comportamento da demanda (coluna na extrema direita) durante seis períodos de tempo, que pode ser um dia, uma semana ou um mês (coluna na extrema esquerda). A demanda no 1º período é de 100 unidades e sofre uma redução do 2º período em diante para 95 unidades. Todos os estágios na cadeia de suprimentos observam o princípio de que devem manter em estoque um período de demanda. A coluna *estoque*, em cada nível ou etapa da cadeia, mostra os estoques inicial e final em cada período de tempo.

Vejamos agora como se comporta o estoque nos diversos níveis da cadeia, ocorrendo uma redução na demanda de 100 para 95 unidades.

A demanda no 2º período, ao passar de 100 para 95 unidades, faz com que a montadora produza o suficiente para terminar o período com 95 unidades, que é a nova taxa de demanda. Com isso, ela fabrica somente 90 unidades, pois, como havia 100 unidades em estoque, e com a demanda passando para 95, sobram 5 unidades em estoque. No 3º período, o estoque inicial é de 95 e a demanda é de 95; portanto, produzem-se 95 unidades, o que faz a demanda e a produção da montadora ficarem em sincronia de 95 unidades. Há uma variação de 5 unidades na demanda, que causou, no 2º período, uma variação de 10 unidades na produção (eram 100, passaram a ser 90), e do 2º ao 3º período a variação passou de 90 para 95. Considerando a mesma lógica para o fornecedor do 1º nível, constatamos que a demanda que ele deve atender no 2º período é obtida pela produção da montadora de 90 unidades. Como a montadora tem 100 unidades em estoque e a demanda é de 90 unidades, sobram 10 unidades, o que a leva a produzir somente 80 unidades para, no final do período, ter 90 unidades.

No 3º período, o fornecedor do nível 1 tem de atender à produção da montadora de 95 unidades. No entanto, ele tem somente 90 unidades em estoque, o que o leva a ter de produzir 100 unidades nesse período para poder ficar, no final, com 95 unidades e atender à demanda da montadora de 95 unidades. A variação da produção, nesse nível, foi de 20 unidades (100 para 80). Seguindo essa lógica de ajuste na cadeia, em função da redução da demanda em 5 unidades, percebemos que a flutuação da produção no fornecedor de 3º nível foi de 160 unidades, entre o 2º e o 3º período (de 20 para 180). A decisão de quanto produzir em cada período em cada elo da cadeia foi formada com base nas seguintes relações:

Quantidade da produção = Quantidade do estoque final do fornecedor em qualquer período
Estoque inicial + Produção = Demanda + Estoque final
Estoque inicial + Produção = Duas vezes a demanda (porque o estoque final deve ser igual à demanda)
Quantidade de produção = Duas vezes a demanda − Estoque inicial

Portanto, quanto mais no início da cadeia de suprimentos estiver a empresa, mais drásticas serão as flutuações causadas por uma mudança relativamente pequena na demanda do mercado. A falta de integração da cadeia de suprimentos resulta em elevadas oscilações dos estoques em cada um dos elos da cadeia.

3. FLUXO FINANCEIRO: é aquele que trata das transações financeiras e dos pagamentos entre os diversos elos da cadeia, cujos critérios devem ser fixados no contrato de fornecimento do material celebrado entre fornecedor e comprador.

A cadeia de suprimentos eficaz é aquela na qual as empresas integrantes reformulam suas estratégias operacionais com o objetivo de atender às novas exigências dos clientes e abandonar posturas fracionadas ou visões voltadas exclusivamente para maximizar os resultados de suas operações. Deve-se buscar maximizar o resultado da cadeia de suprimentos como um todo e atingir a melhor sincronia possível nesse sentido. A gestão da cadeia de suprimentos deve ser integrada com a finalidade de planejar e controlar o fluxo de materiais, informações e recursos, desde o primeiro elo da cadeia até o cliente final, objetivando-se sempre o melhor resultado para os clientes, com custos e preços competitivos.

Conforme Brunell (citado por Gonçalves, 2007), existem quatro ESTÁGIOS DE EVOLUÇÃO da cadeia de suprimentos:

1. INFORMAL: há imprevisibilidade e baixa qualidade no serviço de atendimento ao cliente em virtude da inexistência de políticas de gerenciamento e de processos operacionais bem estruturados e integrados.
2. FUNCIONAL: em face da orientação funcional da organização, há uma subotimização[b] no gerenciamento dos investimentos e no controle dos custos, o que resulta em baixa qualidade na gestão da satisfação do cliente.
3. INTEGRAÇÃO DE PROCESSOS INTERNOS: ocorre o alinhamento dos diversos processos internos da empresa, e a gestão das operações é integrada aos processos. Resulta em desempenho superior e em uma busca contínua por melhorias.
4. ORGANIZAÇÃO INTEGRADA: é o estágio final da evolução da integração da cadeia de suprimentos. Nessa etapa, ocorre uma integração interna e externa da empresa com todos os seus parceiros, com o foco de todos no cliente. Busca-se destacar as competências de todos na cadeia para que, somadas, agreguem valor ao cliente.

Uma cadeia de suprimentos não integrada causa um ciclo de produção muito elevado, com um custo oneroso e com o aumento do preço do produto que chega ao cliente final. Estudos realizados pela Andersen Consulting (citada por Gonçalves, 2007) revelaram que a redução nos prazos de uma cadeia de suprimentos em 40% resultou em uma diminuição de 9% nos custos totais anuais das operações.

Assim, é fundamental atentar para a gestão dos estoques, os ciclos de produção sincronizados e flexíveis que atendam às oscilações da demanda, o *mix* de produtos e a adequação das embalagens (cargas unitizadas ou paletizadas) aos meios de transporte que resultem no menor custo.

---

b. Empregado no âmbito da área de administração, o termo refere-se à circunstância em que não se alcançou a otimização esperada em todos os níveis ou no processo todo.

Síntese

O desafio da logística na cadeia de suprimentos é entregar, de forma rápida e a custos baixos, bens e serviços de acordo com as necessidades e exigências dos clientes. Como destacamos, a localização dos agentes da cadeia de suprimentos, no mundo globalizado, deve ser avaliada pelo menor valor total dos custos de produção e dos custos de transporte e armazenagem. A cadeia de suprimentos deve ter, por parte de seus agentes, uma gestão de estoques, bem como ciclos de produção sincronizados e flexíveis, para atender às exigências e às oscilações da demanda dos mercados. O diferencial competitivo ocorre cada vez mais pela eficácia da cadeia de suprimentos dos produtos ao mercado do que pela atuação isolada das empresas.

Indicações culturais

BOWERSOX, D. J.; CLOSS, D. J. **Logística empresarial**. São Paulo: Atlas, 2001.

O autores norte-americanos, reconhecidos internacionalmente, tratam do tema da logística em uma concepção moderna e atual.

CHING, H. Y. **Gestão de estoques na cadeia de logística integrada**: supply chain. 2. ed. São Paulo: Atlas, 2001.

Ching aborda, de forma prática, a cadeia de suprimentos e sua operação.

GONÇALVES, P. S. **Administração de materiais**: obtendo vantagens competitivas. 2. ed. Rio de Janeiro: Elsevier, 2007.

Gonçalves também apresenta o tema da logística de forma integrada na cadeia de suprimentos.

Atividades

1. Descreva a evolução das funções da logística nas organizações nas décadas de 1950, 1970 e 1980.

2. Quais são os fatores que tornaram a logística empresarial um tema de vital importância nas organizações?

3. Qual é o significado do efeito Forrester na cadeia de suprimentos?

4. Quais são os principais fatores que determinam a localização das empresas no atual contexto dos mercados globalizados?

5. Cite três vantagens competitivas que uma boa logística empresarial pode oferecer aos clientes.

(10)

Sistemas informatizados na cadeia
de suprimentos e compras

Neste capítulo, apresentaremos alguns dos principais sistemas informatizados desenvolvidos por iniciativa de fabricantes, do varejo e do atacado, com a finalidade de operar na mesma cadeia de suprimentos do produto ao mercado e agilizar os sistemas de comunicação, de relações comerciais, de controles e de gerenciamento dessa cadeia.

(10.1) Business-to-Business (B2B)

O avanço da tecnologia da informática viabiliza sistemas e soluções de compartilhamento de informações entre comprador e fornecedor de forma muito eficiente. Um dos sistemas, talvez o mais conhecido, é o *Business-to-Business* (B2B), que surgiu em meados da década de 1990 e permitiu que dezenas de milhares de empresas conduzissem seus negócios uma com a outra por meio da *world wide web* (www), que é, basicamente, a internet. A comunicação entre empresas e pessoas, com o uso do B2B, passou a ser instantânea, eficiente e econômica. Sua evolução está representada na Figura 10.1.

Figura 10.1 – Evolução do comércio eletrônico B2B

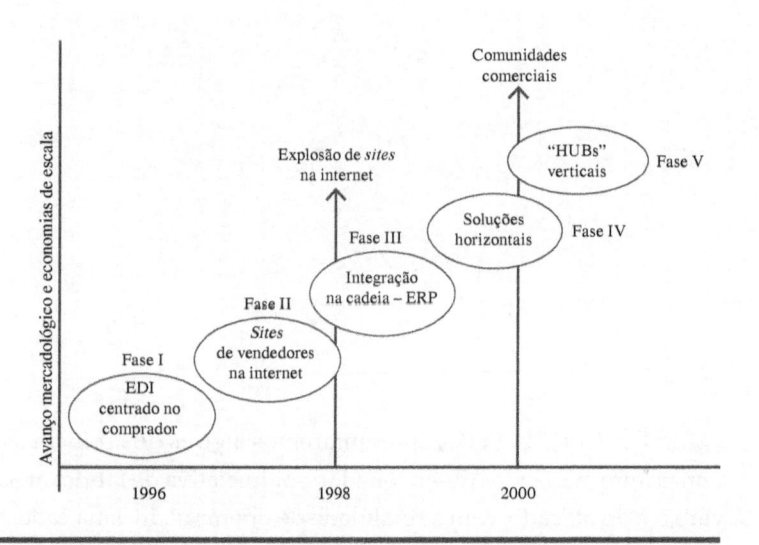

FONTE: ADAPTADO DE NOVAES, 2001, P. 83.

Nesse contexto, surgiu o *e-procurement*, que consiste em um sistema no qual compradores e vendedores se encontram virtualmente para efetuar transações comerciais. O sistema funciona por meio da internet, em muitos casos com o auxílio de um intermediário que faz a gestão do fluxo entre a empresa compradora e os fornecedores. Esses intermediários, na maioria das vezes, atendem por portais virtuais que operam sistemas que podem ser acessados de qualquer computador que tenha conexão com a internet. É um serviço *on-line* com grandes oportunidades de reduções de custos, já que todo o processo de compras ocorre via portal. Por meio desse sistema, é possível comprar materiais de escritório, de informática e vários outros, com maior agilidade e eficiência, eliminando-se por completo certos processos burocráticos de troca de correspondências, fax, documentos, negociações por telefone etc. O processo de compras tradicional envolve, no mínimo, 12 atividades entre comprador e fornecedor, conforme demonstrado no Quadro 10.1.

Quadro 10.1 – *Atividades tradicionais do processo de compras*

Atividade	Agente
1. Previsão de demanda	Comprador
2. Solicitar proposta de cotação	Comprador
3. Preparar proposta de cotação	Fornecedor
4. Negociar proposta	Comprador e fornecedor
5. Elaborar ordem de compra	Comprador
6. Processar e confirmar a ordem de compra	Fornecedor
7. Processo de expedição da mercadoria	Fornecedor
8. Emitir nota fiscal à luz da ordem de compra	Fornecedor
9. Transporte e rastreamento da mercadoria	Fornecedor/ Comprador
10. Recebimento da mercadoria em conformidade com OC	Comparador
11. Pagamento da mercadoria	Comprador
12. Serviço de pós-venda	Fornecedor

Fonte: Adaptado de Ching, 2001, p. 186.

Com o processo B2B *e-commerce*, todas as atividades da compra tradicional são acionadas automaticamente, quando é realizado o pedido do material ou da mercadoria. Outra vantagem do sistema B2B é que o comprador tem acesso imediato a todos os possíveis e potenciais fornecedores e pode escolher o momento mais adequado para sua compra. Segundo Ching (2001), há muitas vantagens no processo do comércio de mercadorias e produtos entre empresas pelo sistema B2B *e-commerce*:

- elimina a necessidade de papel;
- diminui erros;
- atualiza instantaneamente preços e informações sobre o produto;
- disponibiliza o catálogo de produtos na internet, sem necessidade de ser impresso pelo fabricante;
- gera automaticamente pedidos de compra, notas fiscais, comprovantes de pagamento, inventário e informações da rastreabilidade da entrega;
- traz economia de tempo e dinheiro.

O B2B *e-commerce* também apresenta grande vantagem no gerenciamento contínuo do estoque disponível em cada fornecedor e em cada comprador. Nos serviços de saúde, por exemplo, há hospitais com acesso ao estoque atual dos fornecedores, os quais, por sua vez, têm acesso ao inventário real dos hospitais. O comprador gerencia os fornecedores, já que tem a opção de vários para o mesmo produto e ainda pode decidir de qual comprará, de acordo com suas conveniências e as condições desses fornecedores.

(10.2) *Eletronic Data Interchange* (EDI)

O sistema EDI consiste na troca ou transferência eletrônica e automática de dados entre os computadores das empresas da cadeia de suprimentos, estruturados de acordo com padrões acordados. O EDI foi adotado nos Estados Unidos, na década de 1980, por empresas de varejo e de transporte. Logo se expandiu para os setores automotivo, farmacêutico e supermercadista. Sua aplicação no Brasil se iniciou em 1995, nos processos financeiros. O EDI permite integrar as empresas que compõem uma cadeia de suprimentos, com o objetivo primordial de maximizar os resultados da utilização da troca eletrônica de informações. Por meio do EDI, as informações fluem ao longo da cadeia de suprimentos de forma segura, sem interferências, registrando todas as transações realizadas no tocante à gestão e ao fluxo dos materiais.

Segundo a revista *Fortune* (citada por Novaes, 2001), o EDI é utilizado por 95% das mil maiores empresas norte-americanas. Para as demais empresas médias e pequenas, a utilização do EDI cai para 2% em virtude do alto custo de implantação e de sua operação *on-line*. No sistema *just-in-time*, o EDI é essencial. Os três maiores fabricantes de automóveis dos Estados Unidos – GM, Ford e Chrysler –, bem como a rede de varejo Walmart de supermercados, exigiram que todos os seus fornecedores adotassem e trabalhassem na plataforma EDI.

As transações automáticas e eletrônicas de informações pelo sistema EDI podem ocorrer por uma rede exclusiva ou por meio de *Value Added Networks* (VANs). O sistema VAN permite a instalação de um *software* de comunicação nos computadores de qualquer empresa da cadeia de suprimentos, com acesso *on-line*, por meio de linha telefônica ou por radiofrequência, ao sistema de dados e informações referentes ao que está ocorrendo em toda a cadeia de suprimentos.

Segundo Gonçalves (2007), o sistema EDI traz inúmeras vantagens para o relacionamento entre as empresas e seus parceiros. As principais são:

- padronizar o sistema de comunicação entre as empresas;
- mudar a forma de realizar negócios, eliminando-se tarefas e alterando-se processos e relações interpessoais;
- integrar os sistemas e processos internos da empresa;
- permitir melhor interação das empresas na busca de objetivos comuns, favorecendo-se, com isso, suas relações de parceria.

A Figura 10.2 apresenta um modelo de EDI integrado à cadeia de suprimentos. Nele, o fabricante informa seus estoques e eventualmente a lista de preços dos produtos. À medida que a demanda é registrada por código de barras no EDI, os varejistas ou os centros de distribuição (CDs) confirmam seus pedidos de compras aos fabricantes. Os fabricantes, ao receberem o pedido eletronicamente, emitem a nota fiscal e a fatura, e o operador logístico recebe o aviso instantaneamente para fazer o transporte do fabricante ao CD ou ao varejista.

Figura 10.2 – EDI integrado na cadeia de suprimentos

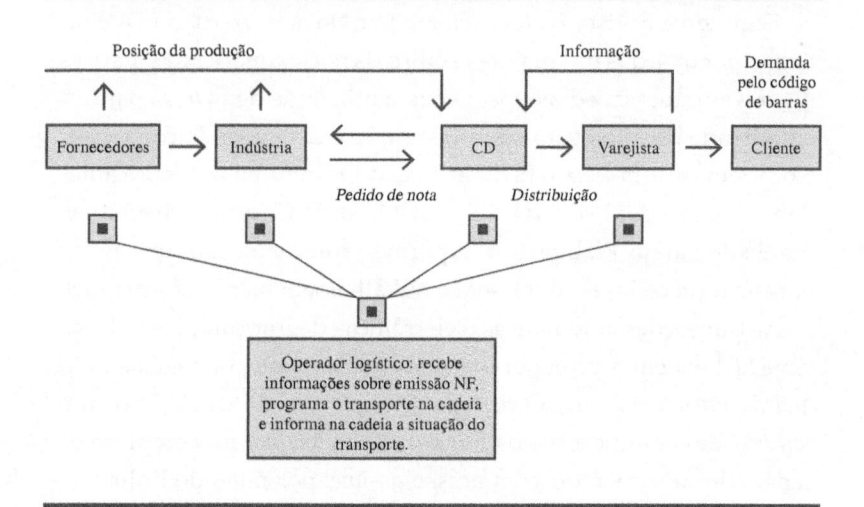

```
        Posição da produção              Informação           Demanda
                                                              pelo código
                                                              de barras
   ↑            ↑               ↓            ↓
Fornecedores → Indústria  ⇄  CD  →  Varejista  →  Cliente
               Pedido de nota   Distribuição

                    Operador logístico: recebe
                    informações sobre emissão NF,
                    programa o transporte na cadeia
                    e informa na cadeia a situação do
                    transporte.
```

FONTE: ADAPTADO DE GONÇALVES, 2007, P. 339.

São inúmeras as vantagens da utilização de sistemas de processamento das operações na cadeia de suprimentos em tempo real, com base na troca eletrônica de dados com o sistema EDI – desde a redução do tempo de preparo e processamento de documentos e dos níveis de estoque até a baixa incidência de erros na expedição e no embarque das mercadorias.

Estudos de Harmon (citado por Gonçalves, 2007) sobre melhorias da eficiência relacionadas ao uso do EDI demonstraram uma redução de 50% nos tempos de atendimento aos clientes, de 50% no volume dos estoques na cadeia de suprimentos e de aproximadamente 25% nos custos de processamento das operações, bem como um aumento de 75% na acuracidade dos estoques.

(10.3) Enterprise Resource Planning (ERP)

Outros sistemas desenvolvidos pelas empresas de *software* para auxiliar a gestão empresarial na cadeia de suprimentos se destinam ao atendimento das necessidades observadas em atividades operacionais como previsão e controle de demanda, planejamento da produção e logística de transporte.

O sistema ERP é formado por um conjunto de módulos de planejamento que transforma a demanda antecipada em planejamento e gerenciamento do suprimento, da produção e da distribuição. O módulo *Distribution Requirements Planning* (DRP) gera um planejamento de distribuição que estima quantos produtos de cada tipo devem estar disponíveis em dado período de tempo nos pontos de venda. Essa informação de planejamento da demanda gera ao fabricante o módulo *Master Production Schedule* (MPS – plano mestre de produção), que calcula quando a produção deverá ocorrer para atender ao plano de distribuição. O MPS solicita o planejamento das necessidades dos materiais (*Material Requirements Planning* – MRP) e o planejamento das necessidades dos recursos de mão de obra e equipamentos (*Capacity Requirements Planning* – CRP), verificando se será possível atender ao planejamento da demanda. Apesar de o ERP focar as atividades de planejamento da produção, muitos dos módulos incluem ferramentas para o gerenciamento da cadeia de suprimentos. O MRP pode alimentar diretamente um sistema de compras e, à medida que os recebimentos são feitos, são realizadas as baixas das compras e as entradas nos estoques. O módulo das operações de entrega fornece as saídas do módulo dos estoques. A Figura 10.3 mostra os módulos de forma simplificada.

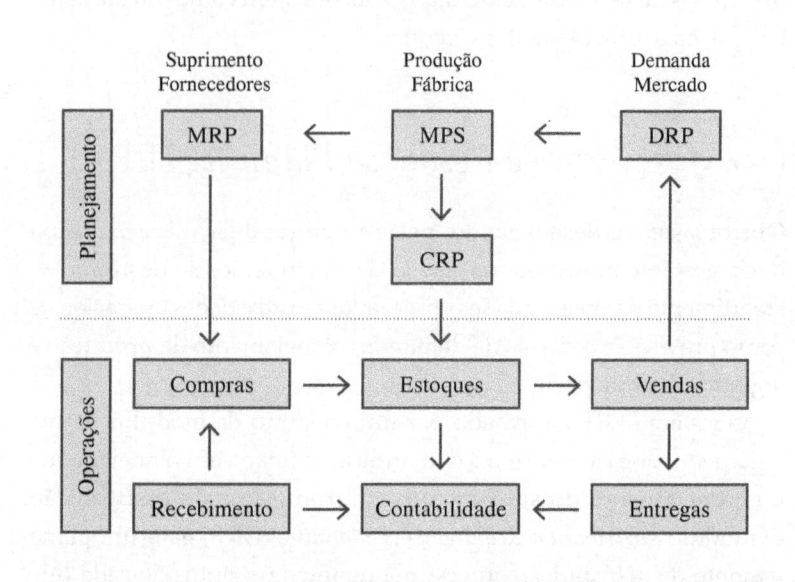

Figura 10.3 – Módulos do sistema ERP

	Suprimento Fornecedores	Produção Fábrica	Demanda Mercado
Planejamento	MRP ←	MPS ←	DRP
	↓	↓ ↑	
		CRP	
Operações	Compras →	Estoques →	Vendas
	↑	↓	↓
	Recebimento →	Contabilidade ←	Entregas

FONTE: ADAPTADO DE TAYLOR, 2005, P. 109.

O ERP foi criado para gerenciar as operações de uma única fábrica e, portanto, não é a melhor opção para gerenciar de forma integrada as empresas que compõem uma cadeia de suprimentos. As informações de um dos módulos do ERP de uma fábrica podem ser os dados de entrada do módulo ERP de seu fornecedor, porém não de comunicação instantânea e integrada.

(10.4) *Advanced Planning and Scheduling* (APS)

O sistema APS foi desenvolvido para combinar e associar planejamento e projeto, aperfeiçoando o sistema ERP, que foi desenvolvido para atender aos níveis de planejamento com as operações. O APS também apresenta a concepção de módulos e pode ser combinado de diversas formas, inclusive por meio de uma ligação entre os módulos de sistemas diferentes dos fornecedores e os elos da cadeia de suprimentos. O ERP aplica-se mais ao gerenciamento das operações do fabricante na cadeia; já a configuração de um sistema APS envolve a utilização do módulo de projeto de rede, possibilitando conectar e registrar informações detalhadas da cadeia, incluindo suas instalações, locais das vendas, elos de transporte e outras características operacionais.

A Figura 10.4 mostra como o sistema APS funciona após inseridas as informações, no qual o planejamento prevê a demanda de cada produto em cada região. O sistema MPS, em seguida, combina essa previsão com os recursos da cadeia, conforme descrito no módulo *Projeto de rede*, criando um planejamento geral de movimentação de suprimentos pela cadeia. Para desenvolver esse planejamento, são solicitados os serviços de três módulos especializados a fim de analisar o impacto do planejamento mestre nos materiais, na capacidade de produção e nas necessidades de distribuição.

Figura 10.4 – Módulos do sistema APS

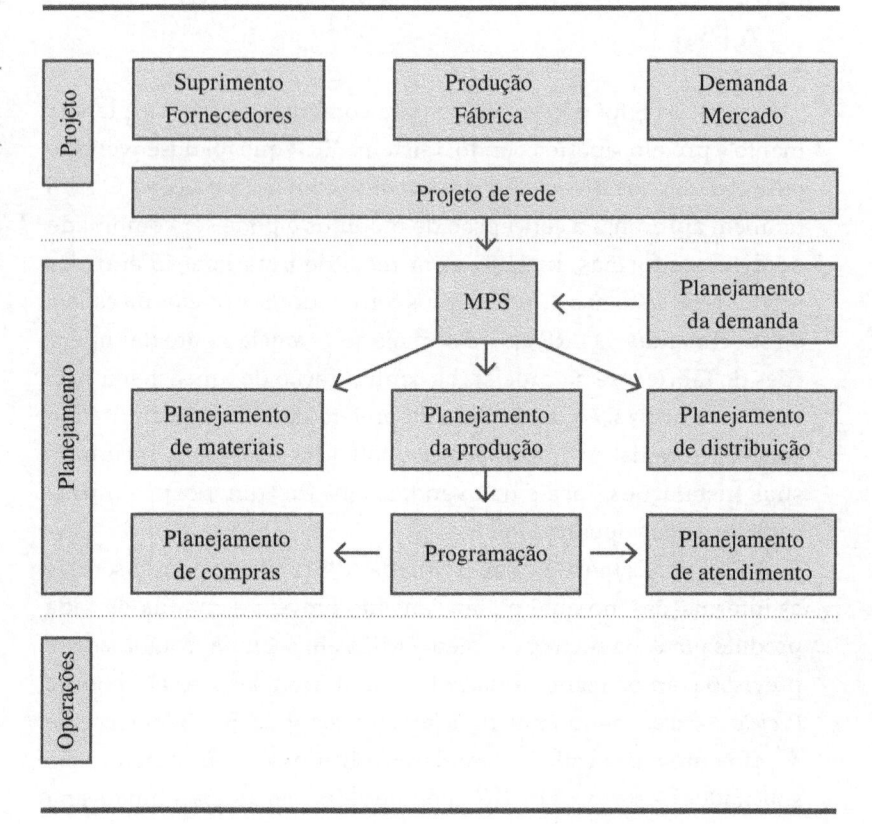

```
Projeto:
    [Suprimento Fornecedores]   [Produção Fábrica]   [Demanda Mercado]
    [          Projeto de rede          ]

Planejamento:
                    [MPS] ← [Planejamento da demanda]
    [Planejamento de materiais]  [Planejamento da produção]  [Planejamento de distribuição]

Operações:
    [Planejamento de compras] ← [Programação] → [Planejamento de atendimento]
```

Fonte: Adaptado de Taylor, 2005, p. 111.

O APS apresenta como vantagem uma flexibilidade que permite enfrentar as necessidades mais diversificadas do gerenciamento da cadeia de suprimentos. Outro benefício do APS é que ele se baseia em modelos matemáticos e possibilita a otimização por sistemas de programação linear. O APS, apesar de otimizar a cadeia de suprimentos em função das medidas desejadas, não oferece módulos operacionais para transformar o planejamento em operações. A solução prática que as empresas adotam é usar um único sistema APS para planejar o movimento de produtos entre diversas instalações de produção, sendo cada uma gerenciada por um sistema ERP local, conforme apresentado na Figura 10.5.

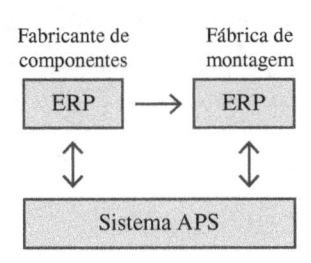

Figura 10.5 – APS integrando múltiplos sistemas ERP

```
Fabricante de          Fábrica de
componentes            montagem
  [ ERP ]    ──→    [ ERP ]
     ↑↓                 ↑↓
        [ Sistema APS ]
```

FONTE: ADAPTADO DE TAYLOR, 2005, P. 112.

Existem outros sistemas específicos que podem ser aplicados na cadeia de suprimentos e que se concentram nas operações. Um caso típico é o sistema de gerenciamento de armazéns que opera somente para harmonizar o fluxo de estoques pela instalação, nas operações de recebimento, separação e manuseio de materiais, localização do material no armazém, gerenciamento das cargas etc.

Outra categoria de *software* muito aplicada na cadeia de suprimentos é o sistema de gerenciamento de transporte e frota, o qual permite gerenciar a programação de entregas, o roteiro do veículo, o controle de rastreamento da viagem, inclusive transbordo, os custos da viagem etc.

Existe, ainda, o sistema *Customer Relationship Management* (CRM), que foi criado para integrar todas as atividades que envolvem contato com os clientes, até mesmo assistência técnica.

Na mesma concepção, foi desenvolvido o sistema *Supplier Relationship Management* (SRM), com a finalidade de gerenciar as relações com os fornecedores.

Há também sistemas mais recentes e avançados de visibilidade das cadeias de suprimentos. Eles rastreiam o fluxo de materiais pela cadeia, permitindo representações gráficas que mostram os níveis atuais e os níveis esperados em todos os pontos da cadeia, em função do comportamento da demanda. Esses *softwares* também permitem o gerenciamento pelas exceções – existem lojas de varejo, por exemplo, que os utilizam para gerenciar as mercadorias que não estão sendo vendidas em certas lojas, mas que são, por outro lado, muito procuradas em outras lojas. Lojas com filiais em todo o Brasil conseguem, com essas informações, transferir mercadorias de uma loja para a outra e ajustar seus estoques com as variadas demandas por regiões.

(10.5) Sistemas por internet

A internet conseguiu aprimorar e popularizar a comunicação para a coordenação de pedidos e compras com as entregas dos produtos. A grande vantagem da internet em relação a seus antecessores (fax e telefone) foi a velocidade e a comunicação ponto a ponto. A internet permitiu que toda a comunicação na cadeia seja realizada de forma bem mais rápida, precisa e com baixíssimo custo. Simplificou também o pagamento, que pode ser realizado por autorização de débito em conta-corrente ou cartão de crédito.

Existem produtos que podem ser até transportados pela internet, ou seja, não necessitam do transporte físico, e a cadeia de suprimentos passa a ser uma cadeia totalmente eletrônica. Fazem parte dessa nova geração eletrônica de fornecimento os jornais, as revistas, os livros, as fotos, os *softwares*, as músicas e outros produtos de informação. Segundo Taylor (2005), a distribuição eletrônica não só é mais rápida e barata para esses produtos, mas também promete mudar a própria definição do que significa *entregar o produto*.

(10.6) Business-to-Customer (B2C)

Ao contrário do sistema B2B, no qual a transação ocorre entre duas empresas (pessoas jurídicas), o fornecedor, no B2C, a negociação acontece entre uma pessoa jurídica e um comprador, uma pessoa física, e a transação é feita pela internet. Conforme Novaes (2001), a evolução do comércio eletrônico nos Estados Unidos transcorreu de forma tranquila em razão da própria cultura já existente do "comércio sem loja", adotada por muitas empresas norte-americanas que faziam suas vendas por catálogos, em domicílio e por anúncios em revistas e jornais com compras efetivadas por telefone.

No Brasil, as práticas do "comércio sem loja" foram muito reduzidas e as vendas por catálogo nunca foram expressivas. As elevadas taxas de inflação do passado restringiram muito essa prática de comércio; somem-se a esse fator as fraudes cometidas por empresas "fantasmas", que recebiam pagamentos e não entregavam o produto ao comprador. Esse cenário prejudicou muito a imagem do B2C como meio de compra.

As transações comerciais B2C apresentam fortes tendências de crescimento no Brasil, pois o produto é entregue do fabricante ou do distribuidor diretamente para o cliente, sem retenções e deslocamentos intermediários. Assim, tendem a ser completamente eliminados da cadeia de suprimentos os deslocamentos e operações que geram custos e não adicionam nenhum valor para o consumidor final.

Segundo Novaes (2001), o maior desafio do comércio eletrônico B2C para as empresas é a dificuldade de prever a demanda. Algumas empresas, ao lançarem seus produtos pela internet, foram surpreendidas com a demanda acima de suas previsões, o que acarretou grandes prejuízos e afetou a imagem comercial no mercado, uma vez que não contavam com uma logística eficiente de atendimento e resposta ao cliente. Consequentemente, houve muitas reclamações, atrasos nas entregas e pedidos cancelados. Portanto, para evitar esses problemas, é necessário fazer um planejamento cuidadoso, a fim de compatibilizar antecipadamente os contornos dos serviços logísticos com os objetivos mercadológicos da empresa.

(10.7) Conclusões sobre os sistemas informatizados

Compor o melhor sistema informatizado para uma cadeia de suprimentos não é tarefa fácil. Os investimentos são elevados, e as alternativas, múltiplas. Para Taylor (2005), a decisão prioritária é escolher um sistema de projeto e planejamento e adquirir recursos de otimização do APS, seja isolado, seja integrado, com sistemas ERP. É preciso atentar para os sistemas de relacionamento com clientes e fornecedores, pois têm uma visão um tanto limitada da cadeia de suprimentos e parecem tender para o problema dos modelos implícitos.

Outro grande desafio quando se deseja implantar sistemas integrados na cadeia de suprimentos são as estruturas operacional e organizacional necessárias. Planos de treinamento e capacitação devem ser realizados constantemente, bem como a prática de um processo de controle e retroalimentação para sanar dificuldades e problemas que surgem em operações e sistemas no dia a dia.

Síntese

Neste capítulo, abordamos a importância das aplicações da informática no planejamento da cadeia de suprimentos, bem como no controle de estoques, das operações e das compras nas empresas. Compor o melhor sistema informatizado para uma cadeia de suprimentos não é tarefa fácil. A decisão mais importante é a escolha de sistemas que atendam às necessidades da empresa.

Indicações culturais

CHING, H. Y. **Gestão de estoques na cadeia de logística integrada**: supply chain. 2. ed. São Paulo: Atlas, 2001.

O livro apresenta, em linguagem clara e simples, a cadeia de suprimentos aliada com a tecnologia da informação.

GONÇALVES, P. S. **Administração de materiais**: obtendo vantagens competitivas. 2. ed. Rio de Janeiro: Elsevier, 2007.

A obra aborda, de forma muito pertinente, os sistemas de informação na cadeia de suprimentos.

NOVAES, A. G. **Logística e gerenciamento da cadeia de distribuição**: estratégia, operação e avaliação. 2. ed. Rio de Janeiro: Campus, 2001.

Novaes foi o pioneiro da difusão do ensino da logística no Brasil. Nessa obra, o autor enfoca os temas do comércio eletrônico, da cadeia de valor e dos operadores logísticos.

TAYLOR, D. A. **Logística na cadeia de suprimentos**: uma perspectiva gerencial. São Paulo: Pearson-Addison Wesley, 2005.

O autor trata, de maneira clara e prática, o tema dos sistemas de informática no gerenciamento da cadeia de suprimentos.

Atividades

1. Em que consiste a troca eletrônica de dados em uma cadeia de suprimentos e quais são suas vantagens?

2. Quais são as vantagens apresentadas pelo sistema de compras eletrônica *e-procurement* em relação ao processo de compras tradicional?

3. Como funciona um sistema EDI na cadeia de suprimentos?

4. Qual é a diferença entre os sistemas ERP e APS?

5. Quais são os cuidados que se deve ter quando uma empresa decide informatizar suas operações e integrá-las na cadeia de suprimentos de seu negócio?

Referências

BAILY, P. et al. **Compras**: princípios e administração. São Paulo: Atlas, 2000.

BALLOU, R. H. **Logística empresarial**: transportes, administração de materiais e distribuição física. São Paulo: Atlas, 1993.

BERTAGLIA, P. R. **Logística e gerenciamento da cadeia de abastecimento**. São Paulo: Saraiva, 2003.

BOWERSOX, D. J.; CLOSS, D. J. **Logística empresarial**. São Paulo: Atlas, 2001.

BRASIL. Lei n. 8.666, de 21 de junho de 1993. **Diário Oficial da União**, Poder Legislativo, Brasília, DF, 22 jun. 1993. Disponível em: <http://www.planalto.gov.br/ccivil_03/leis/L8666cons.htm>. Acesso em: 25 out. 2017.

BRASIL. Lei n. 9.069, de 29 de junho de 1995. **Diário Oficial da União**, Poder Executivo, Brasília, DF, 30 jun. 1995. Disponível em: <http://www.planalto.gov.br/ccivil_03/leis/L9069.htm>. Acesso em: 25 out. 2017.

CHING, H. Y. **Gestão de estoques na cadeia de logística integrada**: supply chain. 2. ed. São Paulo: Atlas, 2001.

CORRÊA, H. L.; GIANESI, I. G. N.; CAON, M. **Planejamento, programação e controle da produção**. 4. ed. São Paulo: Atlas, 2001.

DIAS, M. A. P. **Administração de materiais**: uma abordagem logística. 4. ed. São Paulo: Atlas, 1993.

EAN Brasil – Associação Brasileira de Automação. **Manual do Usuário EAN – UCC**. Disponível em: <http://www.abicalcados.com.br/midia/modulo-download/arquivos/14375157065528.pdf>. Acesso em: 25 out. 2017.

FERREIRA, A. B. de H. **Novo dicionário Aurélio da língua portuguesa**. Curitiba: Positivo, 2004.

FRANCISCHINI, P. G.; GURGEL, F. A. **Administração de materiais e patrimônio**. São Paulo: Pioneira-Thomson, 2002.

GONÇALVES, P. S. **Administração de materiais**: obtendo vantagens competitivas. 2. ed. Rio de Janeiro: Elsevier, 2007.

GS1 BRASIL – Associação Brasileira de Automação. Disponível em: <http://www.gs1br.org>. Acesso em: 9 out. 2017.

MOURA, R. A. **Manual de logística**: armazenagem e distribuição física. São Paulo: Imam, 1997. v. 2.

_____. **Manual de logística**: equipamentos de movimentação e armazenagem. 5. ed. São Paulo: Imam, 2000. v. 4.

MOURA, R. A.; BANZATO, J. M. **Manual de logística**: embalagem, unitização e conteinerização. São Paulo: Imam, 1997. v. 3.

NOVAES, A. G. **Logística e gerenciamento da cadeia de distribuição**: estratégia, operação e avaliação. 2. ed. Rio de Janeiro: Campus, 2001.

SLACK, N. et al. **Administração da produção**. São Paulo: Atlas, 1999.

SOBRAL, A. A. da S. A evolução do código de barras no Brasil. In: SEMEAD – SEMINÁRIO DE ADMINISTRAÇÃO FEA-USP, 10., 2007, São Paulo. **Anais**... São Paulo: FEA-USP, 2007. Disponível em: <http://sistema.semead.com.br/10semead/sistema/resultado/trabalhosPDF/195.pdf>. Acesso em: 25 out. 2017.

TAYLOR, D. A. **Logística na cadeia de suprimentos**: uma perspectiva gerencial. São Paulo: Pearson-Addison Wesley, 2005.

VIANA, J. J. **Administração de materiais**: um enfoque prático. São Paulo: Atlas, 2000.

Gabarito

Capítulo 1

1. Uma boa administração de materiais pode contribuir para a competência organizacional, em razão da redução dos custos de compra, de investimentos em estoque e de estocagem, além de promover maior rapidez no atendimento das demandas dos mercados. A administração de materiais tem papel fundamental na logística empresarial.

2. A gestão de estoques, a gestão dos centros de distribuição ou armazéns e a gestão de compras.

3. Fazer uma previsão do dimensionamento da demanda mais real possível; obter preços competitivos e menores prazos de entregas dos materiais; contar com uma boa gestão de compras; ter um bom sistema de registros e informações da administração de materiais, estoques etc.; ter posicionamento e gerenciamento dos centros de distribuição.

4. Procura, seleção, qualificação e cadastramento de fornecedores que atendam às condições técnicas exigidas dos materiais e produtos a preços competitivos e com os melhores prazos de entrega.

5. O ECR surgiu como uma solução eficiente para as empresas de varejo que atendem a demandas de produtos de alto consumo e visa estabelecer um fluxo consistente de produtos e de informações que caminham bidirecionalmente na cadeia logística de suprimentos, com vistas à manutenção do abastecimento do ponto de venda, a custos baixos e em níveis adequados.

Capítulo 2

1. Pelo valor máximo da demanda que não possa ser atendida pela oferta durante determinado período de tempo.
2. Pelo valor da demanda durante o período de reposição da oferta.
3. Nos casos em que há indicações de que haverá escassez de material no mercado.
4. Quanto maior for o *lead time* ou o *time-to-market*, maior será a necessidade de estoque.
5.

Atividades	Enfoque tradicional	Busca da excelência
Fornecedores	Âmbito local.	Âmbito internacional, na busca dos mais competitivos.
Relações com fornecedores	Meramente comerciais em cada transação.	Visão de parceria, aliança estratégica com objetivos comuns de longo prazo.
Negociações	Âmbito dos interesses das partes.	Âmbito dos interesses das partes com visão estratégica na cadeia de suprimentos.
Seleção dos fornecedores	Baseada em preço.	Baseada em desempenho e resultado final.
Sistema de informações e comunicação	Realizada por meio de correspondências, telefone e reuniões presenciais.	Sistemas de informática interligados com fornecedores, permitindo troca de informações *on-line*.
Quantidade da compra	Para as necessidades de curto prazo.	Acordos e contratos de longo prazo, com entregas frequentes.
Qualidade do produto	Exige inspeção e aceitação pela empresa compradora.	Qualidade assegurada na fonte pelo fornecedor.
Fatores de decisão	O menor custo, visto isoladamente pela empresa.	O menor custo total na cadeia de suprimentos.

Capítulo 3

1. PP = D · TR + ES, então PP = 90 · 3 + 90 = 360 pacotes de papel
2. Formação de estoque de 10 unidades por dia: o estoque máximo será de 40 unidades, que corresponde à demanda de 1 dia. Nesse dia, a empresa não receberia a reposição de 50 unidades.
3. L = D(P + TR) + ES − (E + QP)

    L = 200(0,5 + 1) + 0 − (25 + 0)

    L = 275 unidades
4. d
5. $ES = K\sqrt{\sigma_D^2 \cdot \sigma_{TR}^2 + D^2 \cdot \sigma_{TR}^2 + TR^2 \cdot \sigma_D^2}$

    $ES = 1{,}645 \cdot \sqrt{400 \cdot 0 + 36\,000 \cdot 0 \cdot \sigma_{TR}^2 + 49 \cdot 400} =$

    $1{,}645 \cdot \sqrt{19\,600} = 230$ peças

Capítulo 4

1. c
2. a. Giro de estoque = $\dfrac{\text{Consumo médio/tempo}}{\text{Estoque médio}} = \dfrac{75}{37{,}5} = 2$ vezes em 4 meses

    b. Cálculo do valor do estoque no final do período:

    Método do custo médio

Histórico	Entrada			Saída			Saldo		
	Qtde.	Preço unit. (R$)	Valor (R$)	Qtde.	Preço unit. (R$)	Valor (R$)	Qtde.	Preço unit. (R$)	Valor (R$)
Saldo inicial							50	3,00	150,00
1º mês				20	3,00	60,00	30	3,00	90,00
2º mês	10	3,10	31,00				40	3,03	121,00
2º mês				20	3,03	60,50	20	3,03	60,50
3º mês				20	3,03	60,50	0	-	0,00
4º mês	40	3,20	128,00				40	3,20	128,00
5º mês				15	3,20	48,00	25	3,20	80,00

Método PEPS

Histórico	Qtde.	Preço unit. (R$)	Valor (R$)	Qtde.	Preço unit. (R$)	Valor (R$)	Qtde.	Preço unit. (R$)	Valor (R$)
		Entrada			Saída			Saldo	
Saldo inicial							50	3,00	150,00
1º mês				20	3,00	60,00	30	3,00	90,00
2º mês	10	3,10	31,00				40	3,03	121,00
2º mês				20	3,00	60,00	20	3,05	61,00
3º mês				10	3,00	30,00	10	3,10	31,00
4º mês				10	3,10	31,00	0	-	0,00
5º mês	40	3,20	128,00				40	3,20	128,00
1º mês				15	3,20	48,00	25	3,20	80,00

Método UEPS

Histórico	Qtde.	Preço unit. (R$)	Valor (R$)	Qtde.	Preço unit. (R$)	Valor (R$)	Qtde.	Preço unit. (R$)	Valor (R$)
		Entrada			Saída			Saldo	
Saldo inicial							50	3,00	150,00
1º mês				20	3,00	60,00	30	3,00	90,00
2º mês	10	3,10	31,00				40	3,03	121,00
2º mês				10	3,10	31,00	30	3,00	90,00
3º mês				30	3,00	90,00	0	-	0,00
4º mês	40	3,20	128,00				40	3,20	128,00
5º mês				15	3,20	48,00	25	3,20	80,00

3. Itens A – 71,92% do valor total.

   Itens B – 17,11% do valor total.

   Itens C – 10,97% do valor total.

4. b
5. c

Capítulo 5

1. Um armazém deve contemplar o dimensionamento adequado das áreas de recebimento, corredores, expedição, considerando-se o fluxo e o volume dos materiais e a forma como são estocados. Deve conter todos os equipamentos adequados para garantir a segurança de pessoas, materiais e equipamentos de movimentação. Um bom *layout* auxilia na execução do trabalho, reduz custos, racionaliza espaços, possibilita rápida localização e identificação dos materiais e facilita a movimentação, a colocação e a retirada dos materiais das prateleiras ou do porta-paletes.

2. Recebimento dos materiais; movimentação física dos materiais, desde o descarregamento até a área da armazenagem e desta até a expedição e o carregamento;

estocagem dos materiais; expedição dos materiais, que realiza o carregamento e o despacho da carga conforme os pedidos dos clientes; consolidação das cargas para a expedição; carregamento e embarque dos materiais a serem expedidos nos veículos de transporte; operação de um sistema de informação por meio do lançamento dos registros dos recebimentos e das expedições dos materiais com quantidades e valores correspondentes.

3. Farmácia: posicionar os produtos por ordem alfabética, estocá-los com segurança e colocar os produtos de maior valor em armários trancados. Produtos de maior rotatividade devem ser colocados próximos ao balcão de atendimento ou em prateleiras de fácil acesso ao cliente.

    Lojas de autopeças: posicionar os produtos por similaridade ou aplicação no veículo. Produtos mais pesados e volumosos devem ficar mais próximos da área de expedição. Produtos de maior rotatividade devem ficar mais próximos da área de atendimento e entrega ao cliente.

4. Trata-se de uma operação que necessita de grande exatidão quanto ao tempo de entrada e saída dos produtos do armazém. É uma operação do sistema de distribuição em que os produtos são recebidos no armazém, selecionados e encaminhados para outro veículo.

5. Conhecer a quantidade do estoque máximo de cada material, seu peso, seu volume e sua rotatividade. Entender o sistema de movimentação dos materiais, suas dimensões e necessidades de espaço para sua operacionalidade.

Capítulo 6

1. Reduzir perdas por quebras; evitar acidentes de pessoas na movimentação; diminuir o tempo de movimentação e expedição; melhorar o aproveitamento da área útil de armazenagem; facilitar o inventário e a movimentação dos materiais.

2. Obedecer ao fluxo das operações; minimizar as distâncias; minimizar a manipulação – reduzir a frequência do transporte manual; segurança – observar sempre os aspectos de segurança dos operadores, do transporte e do manuseio de materiais; padronização e flexibilidade – utilizar, preferencialmente, equipamentos de transporte padronizados e que possibilitem o transporte e o manuseio de vários tipos de materiais; máxima utilização do espaço disponível – usar o espaço aéreo mediante o emprego de pontes rolantes; máxima utilização da gravidade – usar a gravidade para transportar materiais, pois é a alternativa que apresenta o menor custo; menor custo total – selecionar apropriadamente os equipamentos na base dos custos totais, e não somente do custo inicial mais baixo.

3. a. 12 unidades primárias cabem em uma caixa secundária.

    b. 72 caixas secundárias cabem em um palete.

    c. 40 paletes cabem em um contêiner de 40 pés.

4. 1,75 empilhadeiras, no período de 8 horas de trabalho.

5. A utilização adequada dos equipamentos que atendam à capacidade necessária da carga a ser transportada, a uma velocidade compatível com a demanda de transportes.

Capítulo 7

1. Atribuir um código ao material ou produto que facilite identificá-lo.

2. Como o material ou produto pode ser identificado na cadeia de suprimentos; a constância de demanda do produto pelo

mercado; a forma como o produto é distribuído pelo varejo ao consumidor final.

3. Produtos de prateleira de supermercados podem ter codificação universalmente padronizada, pelo tipo EAN-13. Já uma loja de roupas e calçados exige uma codificação própria do fabricante do produto ou da rede de varejo.

4. A grande vantagem do código de barras é a rapidez de sua leitura mediante o uso de equipamentos denominados *escâneres*, *pistolas laser* ou *canetas ópticas*. A leitura é efetuada instantaneamente, colocando-se o fecho de *laser* do equipamento sobre o código de barras. As aplicações do código de barras melhoraram sensivelmente a produtividade quanto à identificação, ao manuseio e ao despacho de produtos e cargas.

5. O inventário é importante para obter o melhor índice de acuracidade (relação entre a quantidade física do material e a quantidade registrada). Como uma das funções da armazenagem é o registro de todas as movimentações de entrada e saída dos materiais, é recomendável que, periodicamente, sejam feitos inventários para verificar discrepâncias em termos de valor e quantidade entre o estoque físico e o estoque registrado contabilmente. Os procedimentos de inventário consistem em: organização das equipes de contagem e explicação sobre os procedimentos, sequência, registros e metas de contagem; definir os meios de registro da contagem – cartão de inventário ou registro por escâner –; estabelecer cronograma de trabalho por equipe das atividades de inventário por hora, turno ou dia de trabalho.

Capítulo 8

1. Atender a determinações, políticas, padrões e procedimentos definidos pelas estratégias da empresa; identificar e criar fontes de suprimento; selecionar fornecedores, bem como negociar contratos; obter as melhores condições para a empresa por meio de negociação justa, honesta e ética; manter boas relações comerciais com os fornecedores e controlar seu desempenho; manter um banco de dados dos fornecedores e de seu desempenho operacional.

2. Ter um departamento de compras centralizado para obter melhor negociação de preços e dar autonomia aos refeitórios para pequenas compras locais, necessárias em situações excepcionais ou imprevistas.

3. CRITÉRIOS QUALIFICADORES: situação legal-fiscal (negativas e certidões de cartórios, da Receita Federal, do INSS, do FGTS etc.); situação econômico-financeira estável, por meio da análise de índices econômicos financeiros de seu balanço patrimonial; referência de outros clientes de fornecimentos semelhantes; sistema de garantia da qualidade adequado às exigências; certificações técnicas por instituições competentes apropriadas; imagem e histórico da empresa no mercado.

CRITÉRIOS CLASSIFICADORES: definem as variáveis da escolha do fornecedor e normalmente se concentram no preço, no prazo de entrega ou em alguma outra contrapartida de exigência do comprador.

4. O projeto deve contemplar três etapas: a primeira é a etapa preparatória, quando as informações são analisadas, os objetivos são estabelecidos e as estratégias são desenvolvidas e traçadas. A segunda é a fase de reuniões, que abrange o processo

de discussão, a coleta e a análise de outras informações e o acordo entre as partes. A terceira é o estágio final, que compreende a implantação do acordo dentro das organizações representadas na fase anterior e entre elas.

5. Preços e condições de pagamento; prazos de entrega; condições de reajuste dos preços; prazo e cobertura das garantias; critérios de inspeção e garantia da qualidade; responsável pelos custos de transporte e embalagem; outras instruções pertinentes.

Capítulo 9

1. Até os anos 1950, a preocupação das empresas era efetuar bem a produção, e a logística era realizada de forma individual, sem integração na cadeia de suprimentos.

   Na década de 1970, iniciou-se, nos países desenvolvidos, a abertura de seus mercados e, ao mesmo tempo, ocorreu um grande desenvolvimento de novas tecnologias na informática, na automação e nas comunicações. Isso levou as empresas a produzir volumes maiores de produção e a procurar um sistema mais eficiente, que fosse capaz de escoar os produtos na velocidade exigida pelo mercado e que funcionasse como um novo elemento de redução de custos.

   A partir dos anos 1990, a logística passou a ser um tema muito explorado pelas empresas, consagrando-se com o advento do desenvolvimento da informática, da eletrônica embarcada e dos sistemas de comunicação instantânea em todo o mundo. Surgiu, então, o gerenciamento da logística integrada na cadeia de suprimentos.

2. O aumento da concorrência pela abertura dos mercados e o desenvolvimento da tecnologia na área da informática, da eletrônica embarcada e das telecomunicações.

3. O efeito Forrester ocorre quando uma simples oscilação da demanda no mercado faz disparar, de forma desordenada, uma sequência de abastecimentos nos elos da cadeia e, uma vez cessada essa oscilação, conhecida como *bolha de consumo*, toda a cadeia fica sobrecarregada de estoques. Esse efeito foi observado por Jay Forrester em 1961, e sua principal causa é um desejo racional e perfeitamente compreensível de cada um dos diferentes elos da cadeia de suprimentos de gerenciar suas taxas de demanda e seus níveis de estoque de maneira independente.

4. No mundo globalizado, as empresas fabricantes de produtos estão localizadas onde os custos dos recursos tecnológicos necessários somados aos custos de transporte aos seus mercados de consumo são os mais atrativos. Também devem ser considerados os impostos que certos países impõem às importações de dados produtos, a fim de proteger as empresas locais, o que leva certas empresas estrangeiras a abrir filiais nesses países.

5. Ter o produto para entrega imediata a preços competitivos e com qualidade idêntica ou superior ao da concorrência.

Capítulo 10

1. Consiste no compartilhamento das informações entre comprador e fornecedor, de forma eficiente, em todos os agentes da cadeia de suprimentos.

2. O sistema *e-procurement* funciona por meio da internet, em muitos casos com o auxílio de um intermediário que faz a gestão do fluxo entre a empresa

compradora e os fornecedores. É um serviço *on-line* que apresenta oportunidades de grandes reduções de custos, já que todo o processo de compras ocorre via portal. Por meio desse sistema, é possível comprar materiais de escritório, de informática e vários outros com maior agilidade e eficiência, eliminando-se, por completo, processos burocráticos de troca de correspondências, documentos, negociações por telefone etc.

3. Esse sistema consiste em uma troca ou transferência eletrônica e automática de dados entre os computadores das empresas da cadeia de suprimentos, estruturados de acordo com padrões acordados entre as empresas. O EDI permite uma integração entre as empresas que compõem uma cadeia de suprimentos, com o objetivo primordial de maximizar os resultados da utilização da troca eletrônica de informações. Por meio do EDI, as informações passam a fluir ao longo da cadeia de suprimentos de forma segura, sem interferências, registrando todas as transações realizadas no tocante à gestão e ao fluxo dos materiais.

4. O sistema ERP é formado por um conjunto de módulos de planejamento que transforma a demanda antecipada em planejamento e gerenciamento do suprimento, da produção e da distribuição. O ERP não é a melhor opção para gerenciar de forma integrada as empresas que compõem uma cadeia de suprimentos.

O sistema APS foi desenvolvido para combinar e associar planejamento e projeto, aperfeiçoando o sistema ERP. O APS também apresenta a concepção de módulos, que podem ser combinados de diversas formas, inclusive por meio de uma ligação entre os módulos de sistemas diferentes dos fornecedores e os elos da cadeia de suprimentos. O ERP aplica-se ao gerenciamento das operações do fabricante na cadeia; já a configuração de um sistema APS envolve a utilização do módulo de projeto de rede, possibilitando conectar e registrar informações detalhadas da cadeia, incluindo instalações, locais das vendas, elos de transporte e outras características operacionais.

5. Compor o melhor sistema informatizado para uma cadeia de suprimentos não é tarefa fácil. Os investimentos são elevados, e as alternativas, múltiplas. A decisão prioritária é a escolha do sistema de projeto e planejamento e a aquisição dos recursos de otimização do APS, seja isolado, seja integrado, com sistemas ERP. Deve-se atentar para os sistemas de relacionamento com clientes e fornecedores, já que têm uma visão um tanto limitada da cadeia de suprimentos e parecem tender para o problema dos modelos implícitos. Outro grande desafio quando se deseja implantar sistemas integrados na cadeia de suprimentos são as estruturas operacional e organizacional necessárias. Planos de treinamento e capacitação devem ser realizados constantemente, bem como a prática de um processo de controle e retroalimentação para sanar as dificuldades e os problemas que surgem nas operações e no sistema no dia a dia.

Sobre o autor

NESTOR ALBERTO RANCICH FILHO é natural da cidade de Rio Grande (RS). É graduado em Engenharia Mecânica (1971) pela Universidade Federal do Rio Grande do Sul (UFRGS), pós-graduado em Pedagogia (1983) pela Universidade Luterana do Brasil (Ulbra) e doutor em Administração e Ciências Empresariais (2002) pela Universidade de Leon, na Espanha. Com mais de 30 anos de experiência profissional nas áreas de materiais, produção e financeira, trabalhou em empresas de renome nacional, como Varig (1969-1973), Grupo Gerdau (1974-1976) e Aeromot (1976-2005), todas localizadas na cidade de Porto Alegre (RS). É professor da Ulbra desde 1981 e atua em disciplinas do curso de Administração, nas áreas de materiais, produção logística e financeira. Na atualidade, além de docente, é consultor de pequenas e médias empresas.

Os papéis utilizados neste livro, certificados por instituições ambientais competentes, são recicláveis, provenientes de fontes renováveis e, portanto, um meio responsável e natural de informação e conhecimento.

FSC
www.fsc.org
MISTO
Papel produzido a partir de fontes responsáveis
FSC® C103535

Impressão: Reproset
Março/2023